# BURGEN
## IN THÜRINGEN

### KONRAD KESSLER

**WEITERE REISEFÜHRER AUS UNSERER REIHE**

Braunschweig • Burgen in Sachsen-Anhalt • Chemnitz •
Erfurt • Halle (Saale) • Hildesheim • Jena •
Der Lutherweg. Eisleben – Halle – Wittenberg • Magdeburg •
Merseburg • Oldenburg • Die Weinstraße Saale-Unstrut •
Wittenberg – Dessau – Wörlitz. Die UNESCO-Welterbestätten • Zeitz

mitteldeutscher verlag

Burg Ranis

INHALT

Es könnte ebenso Schlösserland heißen – eines ist gewiss, das Antlitz des „grünen Herzens Deutschlands" wird auch durch die vielen Herrschaftssitze aus unserer Vorzeit geprägt. Sie erzählen Geschichten, die Bedeutung weit über die Region hinaus entfalteten. Auf dem Gebiet zwischen Werra und Pleiße, den Ausläufern des Harzes, dem Kyffhäuser und dem Thüringer Wald finden sich Hunderte Burgen, Ruinen und Burgstätten. Dieses Buch möchte Sie zum Besuch einiger der interessantesten einladen und begleiten.

Mit der Wartburg, Deutschlands wohl bekanntester Burg, verknüpfen sich viele Geschichten. Revolutionäre Studenten feierten hier die Wartburgfeste, Goethe setzte sich für die Renovierung der Burg ein. Die ludowingischen Landgrafen, unter denen die Burg errichtet wurde, starteten ein beeindruckendes Bauprogramm, mit dem sie ihren Herrschaftsbereich kontrollierten und sicherten. Mit Anlagen wie in Creuzburg und Weißensee signalisieren sie zudem ihren Anspruch, zu den führenden Adelsgeschlechtern des Reiches zu gehören.

◀ Blick zur Burg Ehrenstein

Nach den Vögten von Weida wurde eine ganze Region im Grenzgebiet von Thüringen, Bayern, Sachsen und Tschechien benannt – das Vogtland. Das Zeichen ihrer Herrschaft – der markante weiße Bergfried der Osterburg – thront bis heute gut sichtbar über der Stadt Weida.

Mitten durch das Bundesland fließt die Saale. Im Thüringer Schiefergebirge wird der zweitgrößte Nebenfluss der Elbe mehrfach angestaut. In dieser schroff zerталten Landschaft erhebt sich hoch über der Bleilochtalsperre das weiß leuchtende Schloss Burgk. Im mittleren Lauf der Saale laden die Leuchtenburg und die Kemenate Orlamünde zum Eintauchen in unterschiedliche Aspekte und Zeiträume der Landes- und Kulturgeschichte ein.

Weitere Anlagen wie die Burgen Liebenstein, Hanstein und Lohra beeindrucken nicht nur durch ihre Architektur, sondern bezaubern auch durch ihre reizvolle Lage und das anmutige Umland.

Kommen Sie also nach Thüringen und besuchen Sie die faszinierenden Burgen inmitten einer wundervollen Landschaft – es lohnt sich!

# BURG- UND MITTELALTERFESTE

## MÄRZ
**Ordensburg Liebstedt**
Ritterspektakel.
www.ordensburg-liebstedt.de

## APRIL
**Burg Ranis** Mittelalterspektakel.
www.burgfreunde-ranis.de

### Ostern
**Burg Ranis** Osterspaziergang.
www.burgfreunde-ranis.de

**Burg Hanstein** Ostermarkt.
www.burgruine-hanstein.de

**Leuchtenburg**
Osterspektakel.
www.leuchtenburg.de

**Ordensburg Liebstedt**
Hoffest zu Ostern.
www.ordensburg-liebstedt.de

**Osterburg Weida** Ostermarkt.
www.osterburg-foerderverein.de

### 30. April
**Burg Greifenstein** Walpurgisnacht.
www.burg-greifenstein.de

**Burg Hanstein** Ritterlager/Beltane-
fest. www.burgruine-hanstein.de

**Burg Orlamünde** Walpurgisnacht.
www.kemnate-orlamuende.de

**Leuchtenburg** Walpurgisnacht.
www.leuchtenburg.de

Mittelalterfest auf Schloss Burgk, Spektakel im Innenhof

## MAI
### Christi Himmelfahrt
**Burg Hanstein** Himmelfahrt.
www.burgruine-hanstein.de

### Pfingsten
**Burg Posterstein** Ritterturnier und
Mittelalterspektakel.
www.burg-posterstein.de

**Burg Weißensee** Mittelalterspektakel mit Ritterturnier.
www.thueringerschloesser.de

**Creuzburg** Mittelalterfest.
www.creuzburg-online.de

**Oberschloss Kranichfeld** Burgfest.
www.oberschloss-kranichfeld.de

**Veste Heldburg** Burgfest
mit Mittelaltermarkt.
www.bad-colberg-heldburg.de

## JUNI
**Brandenburg** Hoftheater.
www.die-brandenburg.de

## AUGUST
**Burg Hanstein** Mittelalterfest.
www.burghanstein.de

**Burg Orlamünde** Kleines Burgfest.
www.kemnate-orlamuende.de

**Ordensburg Liebstedt**
Burgundertage.
www.ordensburg-liebstedt.de

**Schloss Burgk** Mittelalterliches
Burg(k)-Spektakel.
www.schloss-burgk.de

## SEPTEMBER
**Burg Greifenstein**
Mittelalterspektakel.
www.burg-greifenstein.de

Festliches Feuerwerk auf Burg
Hanstein

**Wasserburg Heldrungen**
Mittelaltermarkt.
www.wasserburg-heldrungen.de

## NOVEMBER
**Johanniterburg** Burgbelebung.
www.johanniterburg.de

## DEZEMBER
**Burg Greifenstein** Burgadvent.
www.burg-greifenstein.de

**Burg Hanstein** Krippenausstellung.
www.burgruine-hanstein.de

**Burg Ranis** Weihnachtsmarkt.
www.burgfreunde-ranis.de

**Osterburg Weida** Weihnachtsmarkt.
www.osterburg-vogtland.eu

> **TIPP** Unabhängig von die-
> sen Terminen finden auf vielen
> Burgen rund um das Jahr Kon-
> zerte, Kinderfeste, Ritteressen
> usw. statt. Informationen un-
> ter den angegebenen Inter-
> net-Adressen.

# OSTTHÜRINGEN

Ostthüringen – das Gebiet von der Landesgrenze zu Sachsen bis an die Saale und darüber hinaus bietet nicht nur eine vielfältige Landschaft, sondern besitzt eine spannende, facettenreiche Geschichte. Von ihr zeugen Burgen wie die Leuchtenburg und Schloss Burgk, die sich majestätisch über dem mäandernden Saalelauf erheben.

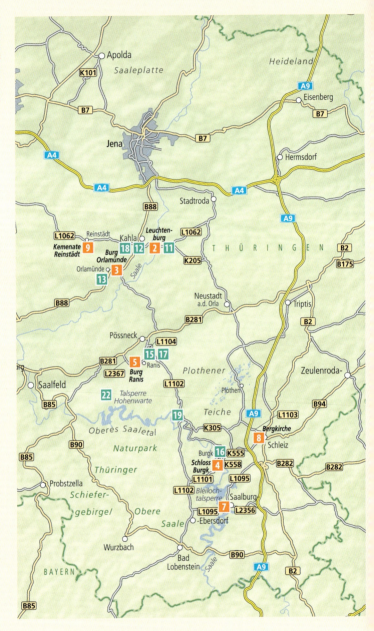

# BURG POSTERSTEIN

Egal aus welcher Richtung man sich der Burg Posterstein nähert, der markante Bergfried fällt schon von weitem ins Auge und lockt zum Besuch. Die kleine Ministerialenburg aus dem späten 12. Jh., wurde in der Renaissance zum Schloss umgebaut. Die kompakte Anlage beherbergt ein Regional- und Kunstmuseum. Zur Burg gehört auch eine außerhalb liegende, spätgotische Burgkirche mit kunstvollem barockem Schnitzwerk.

Südwestansicht mit Erker

## ANREISE

**Auto** Die Ausfahrt Ronneburg auf der A 4 zwischen Gera und Chemnitz in Richtung Altenburg nehmen. Nach ca. 4 km folgt der Abzweig rechts in Richtung Nöbdenitz. Von hier aus der Ausschilderung nach Posterstein folgen. Parkplätze sind auf dem Gelände der Burg vorhanden.

**ÖPNV** Der Regionalexpress von Erfurt nach Altenburg hält auch in Nöbdenitz. Von hier aus sind es knapp 3 km bis zum Posterstein. Von Nöbdenitz verkehren Busse.

**Fahrrad/Wandern** Ein schöner Ausflug mit dem Rad kann zum Beispiel in Schmölln gestartet werden. Die Knopfstadt Schmölln liegt an der Bahnstrecke Gera – Altenburg/ Zwickau. Von hier sind es gut 10 km auf dem Sprotte-Radwanderweg nach Posterstein. Aus Gera führt ein Abschnitt des Radwegs der Thüringer Städtekette nach 16 km zum Ziel in Posterstein.

## GASTRONOMIE UND ÜBERNACHTUNG

**Gaststätte und Hotel „Zur Burg"** Das alte Stallgebäude eines Vierseithofes wurde aufwändig zum Hotel mit 14 Zimmern und Restaurant umgebaut. Die Küche ist spezialisiert auf Ostthüringer Gaumenfreuden. So werden hier Postersteiner Gänsebrust, Altenburger Ziegenkäse und Thüringer Festtagskuchen serviert. Dorfstraße 13 • 04626 Posterstein • Tel.: (03 44 96) 65 10 • www.hotel-pos terstein.de • Di.–Fr. ab 12 Uhr, Sa./So. ab 11 Uhr  S. 10 **14**

**Kunst- und Kräuterhof Auenhof** Der Hof bietet verschiedene Veranstaltungen und Pauschalangebote rund um Kunst und Kräuter mit kulinarischer Untermalung an. In der kleinen rustikalen Pension mit Museumscharakter und ausgestellten Kunstobjekten bieten 4 Zimmer mit insgesamt 7 Betten Platz für Wanderer, Radfahrer oder Familien, die für kurz oder lang Quartier beziehen können. Dorfstraße 9 • 04626 Posterstein • Tel.: (03 44 96) 2 34 02 • www.kunstundkraeuterhof. de  S. 10 **20**

---

### MUSEUM BURG POSTERSTEIN

Burgberg 1 • 04626 Posterstein • Tel.: (03 44 96) 2 25 95 • www. burg-posterstein.de • März–Okt. Di.–Sa. 10–17 Uhr, So. 10–18 Uhr; Nov.–Feb. Di.–Fr. 10–16 Uhr, Sa./ So. 10–17 Uhr.

Trauungen auf Burg Posterstein: Standesamt • Tel.: (03 44 91) 7 61 96

---

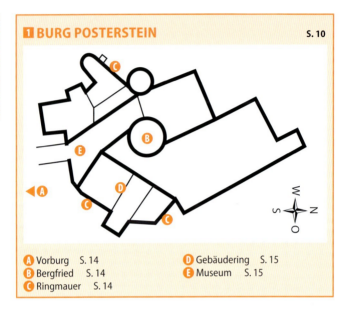

**1 BURG POSTERSTEIN**    S. 10

**Ⓐ** Vorburg   S. 14
**Ⓑ** Bergfried   S. 14
**Ⓒ** Ringmauer   S. 14
**Ⓓ** Gebäudering   S. 15
**Ⓔ** Museum   S. 15

## Ⓐ VORBURG   S. 14

Der Weg zur Burganlage führt durch das ehemalige Rittergut. Den Hof des früheren Vorburg- bzw. Wirtschaftsbereiches trennt ein tiefer Kehlgraben von der Kernburg. Eine steinerne Brücke gewährt Zugang zum verschachtelt wirkenden Gebäudekomplex. Die blockhafte Baugestalt der alten Burg ist noch gut erkennbar.

## Ⓑ BERGFRIED   S. 14

Der zentrale Bau der Burg ist der 25 Meter hohe Bergfried. Mit seinen rund drei Meter starken Mauern und dem etwa 12 Meter hoch gelegenen ursprünglichen Einstieg bot der Turm bei Gefahr letzte Zuflucht. Die oberen Geschosse des Turmes stammen aus dem 15 Jh. 1880 wurde die Turmkrone neu gestaltet, und der Turm erhielt seinen zylinderförmigen Aufsatz mit Kegeldach.

## Ⓒ RINGMAUER   S. 14

Beim Gang um die Burg erkennt man zwei Bauebenen. Unten bildet die alte Ringmauer mit einem westlichen Flankierungsturm die Außenmauer. Sie wurde zeitgleich mit dem Bergfried zu Beginn des 13. Jh. errichtet. Als der Posterstein im 16. Jh. seine im Laufe der Zeit deutlich schwindende militärische Bedeutung endgültig verlor, ließ man die Ringmauer bis zum heutigen Erdgeschossniveau abgetragen und die Fläche in der Kernburg verfüllen. Auf dieser Ebene wurden neue Gebäude errichtet.

## ❶ GEBÄUDERING    S. 14

Im Osten der Anlage erbaute man im 15. Jh. einen Wohnflügel mit rundem Treppenturm. Seine achteckige Haube erhielt der zweite Turm der Burg im Barock. Eine architektonische Besonderheit ist die Ausbildung des Erkers im Südwesten mit vierfach gestaffelten Bogenkonsolen. Er gehört ebenso wie der Ostflügel und die Farbgebung der Burg (weißer Fassadenputz und roter Eckquaderung) zum Gestaltungsprogramm der Renaissance im 16. Jh. Am Ende des 17. Jh. wurde die oberste Etage abgetragen und durch ein Fachwerkgeschoss ersetzt. Gleichzeitig wurden die Innenhöfe überwölbt und die Anlage mit einem barocken Treppenhaus versehen. Der Eingangsbereich erhielt mit der steinernen Brücke und dem neuen Portal ein repräsentatives Aussehen. Der heute als Ruine stehende nördliche Flügel wurde 1728 umgebaut, um einen großen Festsaal aufzunehmen.

## ❺ MUSEUM    S. 14

Die Räume des Burgmuseums beherbergen Ausstellungen zur Geschichte der Region. Zum Museum gehört auch die Filialkirche unterhalb der Burg. Zunächst als kleine spätgotische Kapelle errichtet, wurde sie mehrfach verändert. Am umfassendsten zwischen 1689 und 1695, als die Kirche eine prächtige barocke Innenausstattung erhielt.

### KURZE GESCHICHTE DER BURG

Der Ersterwähnung des Postersteins 1198 in einer Urkunde des Naumburger Bischoffs ging das Auftreten eines Gerhardus de Nubudiz zur Bezeugung weiterer Urkunden seit 1143 voraus.

Die ältesten Teile der Burg stammen aus dem 13. Jh., als die Ministerialen sich lateinisch „de lapide" nennen. Im Vogtländischen Krieg zwischen den Vögten von Plauen und den Wettinern besetzten 1358 die Truppen des die Wettiner unterstützenden Kaisers Karl IV. die Burg. Im folgenden Jahrhundert erhielt der „Stein" seinen zweiten Namensteil. Der Ritter Nickel Puster erwarb 1442 die Herrschaft Posterstein für 800 Schock Freiberger Münze. Aus den Herren „Pustern czum steyne" wurde Posterstein. 1528 wechselte der Besitz der Herrschaft Posterstein mittels Kauf an die Familie Pflugk. Sie veranlasste die Umgestaltung der mittelalterlichen Burg zu einem Wohnschloss der Renaissance. 1575 trat Tham von Pflugk die Herrschaft in Posterstein an. Er war Kanzler auf dem Altenburger Schloss. Nach Pflugks Tod besetzten die Reußen 1596 wegen eines Lehnstreits die Burg, wurden aber durch 50 herzoglich-sächsische Gardisten vertrieben. Auch im Dreißigjährigen Krieg wechselten die Besatzungen und Besatzer der Burg mehrfach. Im 18. Jh. wurde die Herrschaft noch zweimal veräußert, bis 1883 erstmals eine bürgerliche Familie namens Herrmann das Rittergut Posterstein kaufte. Sie richteten ein bedeutendes Saatzucht und Mustergut ein, auf dem 1913 Rudolf Ditzen eine Lehre antrat – der später unter dem Namen Hans Fallada als Schriftsteller bekannt wurde.

# LEUCHTENBURG

Die Leuchtenburg bei Kahla trägt den schönen Beinamen „Königin des Saaletales". Und gleich einer Königin thront sie weithin sichtbar auf einem 240 Meter zum Fluss abfallenden Bergkegel. Die Burg spiegelt in gutem Erhaltungszustand eine vielfältige Geschichte wider. Majestätisch ist auch das Panorama, das sich bei gutem Wetter vom Bergfried bietet. Vom Thüringer Wald ins Osterland und sogar bis zum Harz kann der Blick schweifen. Einem besonders edlen Material – dem „weißen Gold" – widmet sich eine neue und moderne Ausstellung in den alten Mauern der Burg.

Schießscharten im Marterturm

## ANREISE

**Auto** Von der A 4 die Ausfahrt Jena-Göschwitz nehmen. Der B 88 in Richtung Kahla folgen. In Kahla nach Seitenroda/Leuchtenburg abbiegen. Von der A 9 die Ausfahrt Dittersdorf nehmen. Der L 1077 in Richtung Neustadt/Orla bis nach Wolfersdorf folgen. Weiter auf der L 1111 bis nach Trockenborn und dann nach Seitenroda/Leuchtenburg abbiegen. Kostenpflichtige Parkplätze gibt es etwas unterhalb der Burg. Personen mit Gehbehinderung können bis zum Eingang der Burg gefahren werden.

**ÖPNV** Kahla liegt an der Bahnstrecke zwischen Jena und Saalfeld. Vom Bahnhof führt ein Wanderweg über 3 km zur Leuchtenburg.

**Fahrrad/Wandern** Von Jena aus kann man dem Saale-Radwanderweg ca. 15 km bis nach Kahla folgen. In Kahla führt eine steile, ca. 3 km lange Serpentinenstraße hinauf zur Leuchtenburg.

## GASTRONOMIE UND ÜBERNACHTUNG

**Burgschänke, Leuchtenburg** In mittelalterlichem Flair werden Speisen nach historischen Originalrezepten serviert. Für Veranstaltungen und Gruppen kann zudem ein vielfältiges Begleitprogramm gebucht werden. So wird die Einkehr in die Burgschänke zur kulinarischen Zeitreise und kulturellem Historienvergnügen. Dorfstraße 100 • 07768 Seitenroda • Tel.: (03 64 24) 71 33 30 • www.leuchtenburg.de/schaenke.html • Mo.–So. 11–18 Uhr  S. 10 **11**

**Gasthof und Pension „Zum Stadttor"** Der Hotelkomplex in der denkmalgeschützten Altstadt Kahlas am Fuße der Leuchtenburg ist integraler Bestandteil der mittelalterlichen Stadtbefestigung aus dem 15. Jahrhundert und bietet 13 individuell eingerichtete Zimmer an. In den historischen Gasträumen wird anspruchsvolle und Thüringer Küche serviert. Jenaische Straße 24 • 07768 Kahla • Tel.: (03 64 24) 83 80 • www.hotel-stadttor.de • Di.–Do. 17–21 Uhr, Fr.–So. 11–22.30 Uhr  S. 10 **12**

### MUSEUM UNDSTIFTUNG LEUCHTENBURG

Dorfstraße 100 • 07768 Seitenroda • Tel.: (03 64 24) 2 22 58 • www.leuchtenburg.de • April–Okt. Mo.–So. 9–18 Uhr, Nov.–März Mo.–So. 9–17 Uhr.
Trauungen auf der Leuchtenburg: Standesamt • Tel.: (03 64 24) 5 91 38

**A** Burgberg   S. 18
**B** Mauern und Zwinger   S. 18
**C** Vorburg   S. 19
**D** Burgbrunnen   S. 19
**E** Herrenhaus   S. 19
**F** Kapelle   S. 20
**G** Bergfried   S. 20
**H** Museum   S. 20

## **A BURGBERG** S. 18

Vom Parkplatz unterhalb der Burg führt der Weg recht steil den Burgberg hinauf, vorbei an einer Weinbaufläche, die dem Förderkreis im Jahr etwa 1.500 Flaschen des exklusiven Tropfens beschert. Der Weinbau am Burghang hat Tradition. Schon im Mittelalter umfasste die Anbaufläche im Amt Leuchtenburg 1.200 Hektar – mehr als heute die gesamte Saale-Unstrut-Region aufzuweisen hat.

## **B MAUERN UND ZWINGER** S. 18

Mitte des 15. Jh. wurde die Burg den kriegstechnischen Notwendigkeiten entsprechend ausgebaut. Ein System aus einer Doppelmauer mit dazwischenliegendem Zwinger sollte anstürmende Heere aufhalten. Vier Flankierungstürme dienten zunächst der Sicherung des Zwingers. Sie besitzen zum Hof ebenerdig ein Geschoss und sind zum Zwinger mehrgeschossig mit unterschiedlichen Schießschartenformen ausgebaut. Nahezu der gesamte Zwinger konnte von ihnen mit Terras- und Hakenbüchsen bestrichen werden.

Der südlich gelegene „Schleierturm" wurde durch einen tropfenförmigen Grundriss besonders verstärkt. Die zur Angriffsseite weisende Spitze sollte Geschosse, die von der gegenüberliegenden Anhöhe abgefeuert wurden, zur Seite ableiten. Als jedoch kein Gegner mehr vor die Mauern der Burg zog, richtete man die Türme für eine alternative Nutzung ein. 1535 wurden die Schießscharten in den unteren zwei Etagen vermauert und der Weg über steinerne Wendeltreppen verschüttet. In den so geschaffenen Kerker führte nur noch ein ins Deckengewölbe des unteren Raumes gebrochenes Loch, durch welches nun Häftlinge am Seil herabgelassen wurden.

## ⓒ VORBURG     S. 18

Im Westen der Burg liegt das dreigeschossige Torhaus. Es wurde zwischen 1837 und 1842 als Kaserne für die Wachmannschaften des Zuchthauses errichtet. Dem gleichen Zweck dienten die ein reichliches Jahrhundert älteren restlichen Gebäude der Vorburg. Sie wurden zunächst als Zucht-, Armen- und Irrenhaus genutzt. Als 1871 das Zuchthaus nach Zeitz verlegt wurde, baute man die Anlage zum Hotel mit Gastwirtschaft um.

## ⓓ BURGBRUNNEN     S. 18

Zwischen Logierhaus und Torgebäude liegt das Brunnenhaus. Im Mittelalter mussten das Wasser für die Bewohner der Burg in einer Zisterne gesammelt und Packesel auf die Burg gebracht werden. Ab der zweiten Hälfte des 16. Jh. diente ein Brunnen der Versorgung mit Frischwasser. Seinen Schacht teuften 1552 vier Bergleute aus der Saalfelder Region unter Aufsicht des Landesbaumeisters

Nickel Grohmann binnen eines halben Jahres auf eine Tiefe von 80 Metern ab. Zunächst wurde ein Wassereimer mit einer Handhaspel nach oben gezogen. 1690 ersetzte man diese durch ein großes Laufrad, mit dem die Insassen des Zuchthauses fast 200 Jahre das Wasser aus der Tiefe förderten. Heute können Besucher im Brunnenhaus die Funktionsweise des rekonstruierten Tretrades selbst testen.

## ⓔ HERRENHAUS     S. 18

Am oberen Ende des lang gestreckten Hofes liegt das Herrenhaus. Die zur Kernburg gehörenden Vorgängerbauten waren durch einen Graben von der Vorburg getrennt, den eine hölzerne Zugbrücke überspannte. 1373 lag ein erster fester Hauptwohnbau in Schutt und Asche. In der Südostecke des Herrenhauses wurden Reste eines Baus mit einer Grundfläche von ca. 5 x 10 Metern aus dem 14. Jh. gesichert. Auch das heutige Herrenhaus entstand als Ergebnis eines Brandes. Am 18. Juli 1658 ging die Kernburg in Flammen auf, die lediglich der Bergfried überstand. Das neu errichtete Gebäude war ein hoher Funktionsbau der Zucht- und Irrenanstalt. Zunächst besaß er zur Vorburg nur eine einfache Treppe. 1839 wurde die doppelflügelige Treppenanlage errichtet. 1912 erhielt das Haupthaus einen prunkvollen Gesellschaftsraum mit Kamin und aufwändiger Vertäfelung in Jugendstildekor.

Burgbrunnen

### ❻ KAPELLE     S. 18

Im Ostwestflügel des Herrenhauses befindet sich die Schlosskapelle. Auch ihr mittelalterlicher Vorgänger wurde beim Brand von 1658 nahezu vollständig zerstört. Dennoch lassen sich bis heute an der südlichen, hofseitigen Fassade noch Spuren der frühen Bauphasen entdecken. Während der Zuchthauszeit diente der erweiterte Kapellenbau als Anstaltskirche. Zum Aufgabenbereich des Pfarrers zählte neben der Gefängnisseelsorge das Unterrichten der Insassen in Lesen, Schreiben, Rechnen und Religion.

### ❼ BERGFRIED     S. 18

Das älteste erhaltene Bauwerk der Burg ist der runde Bergfried. Sein Unterbau stammt aus dem frühen 13. Jh. Bei einem Gesamtdurchmesser von knapp 9 Metern besitzt er eine Mauerstärke von fast 2,5 Metern. Die Obergeschosse des 30 Meter hohen Turms sind jüngere Aufbauten. Der historisierende Kegelhelm und der Zinnenkranz stammen aus dem Jahr 1886. Auch seinen ebenerdigen Zugang erhielt der Bergfried erst im 19. Jh.

### ❽ MUSEUM     S. 18

Das Burgmuseum der Leuchtenburg präsentiert Exponate und Wissenswertes zur Burggeschichte. Vom zugehörigen Bergfried hat man einen beeindruckenden Panoramablick. Im Marterturm vergegenwärtigt eine lebhaft inszenierte Ausstellung die Gerichtsbarkeit vergangener Jahrhunderte und knüpft damit an die über

300 Jahre an, in denen die Burg Sitz der obersten Gerichts-, Militär- und Verwaltungsbehörde des Umlandes war. Als modernes Museum zeigt sich das Haus besonders mit den „Porzellanwelten Leuchtenburg". Sie führen auf eine multimediale Reise durch die Geschich-

te des „weißen Goldes". Vom Ursprung seiner Herstellung in China führt der Weg nach Europa, wo man unermüdlich versuchte, dem Geheimnis seiner Erzeugung auf die Spur zu kommen, und es sich schließlich vom Luxusgut zum Alltagsartikel entwickelte.

## KURZE GESCHICHTE DER BURG

Der Baubeginn der Burganlage auf dem Lichtenberg liegt im 12. Jh. Die Herren von Lobdeburg ließen die Bergveste in Sicht ihrer Stammburg bei Jena errichten. 1221 und 1227 wurden die Burg und der Leuchtenburger Zweig des Lobdeburger Geschlechtes urkundlich erwähnt. Dieser baute die Wehranlage zum Vorstoß nach Südosten und zur oberen Saale massiv aus. Im 14. Jh. wechselte die Burg dann zweimal die Besitzer. 1333 mussten die Lobdeburger die Anlage aus Geldnot an die Schwarzburger Grafen verkaufen. Diese wiederum, durch die Thüringer Grafenfehde geschwächt, übereigneten die Leuchtenburg ihrerseits 1396 den Wettinern. Die nutzten die Burg als Amtssitz im Zuge des Ausbaus ihrer Landesverwaltung. Im Nachgang des Sächsischen Brüderkriegs 1452 erschien Herzog Wilhelm III. mit einem Heer und moderner Kriegstechnik vor der Leuchtenburg. Daraufhin musste Apel von Vitzthum, der die Leuchtenburg erst wenige Jahre zuvor von Wilhelm für seine Dienste als Pfand erhalten hatte, abziehen. Nach den Erfahrungen seiner erfolgreichen Belagerung ließ der Herzog die Anlage verstärken. Rund hundert Jahre später war die Burg Zufluchtsort der kurfürstlichen Familie, nachdem Johann Friedrich der Großmütige nach seiner Niederlage im Schmalkaldischen Krieg 1547 in Haft geraten war. In das 16. Jh. fallen auch der Ausbau und die erste Nutzung der Mauertürme als Gefängnisse. Als nach 1618 die Auswüchse des Dreißigjährigen Krieges das Land peinigten, suchten die Bauern der Region häufig Schutz für ihre Familien, die Viehbestände und ihr Hab und Gut hinter den Mauern der Burg. Um 1700 wurde das Verteidigungswerk noch einmal den Erfordernissen der Zeit angepasst, und die Leuchtenburg beherrschte nun als Festung das mittlere Saaletal. Ab 1724 wurde die an das Herzogtum Sachsen-Gotha-Altenburg gefallene Burg als Zucht-, Armen- und Irrenhaus genutzt. In den knapp 150 Jahren des Bestehens der Anstalt saßen hier über 5.000 Gefangene ein. Luxuriöser ging es nach 1871 zu, als neben der Gaststätte hier zeitweise ein Hotel eingerichtet wurde. 1906 gründete der Kahlaer Geschichts- und Altertumsverein auf der Leuchtenburg ein Museum, in dem er seine Sammlung der Öffentlichkeit zugänglich machte. Daneben eröffnete 1920 die erste Jugendherberge Thüringens auf der Burg, die bis 1997 bestand. Zehn Jahre später übernahm die gemeinnützige Stiftung Leuchtenburg die Anlage und sicherte diese als Veranstaltungsort und den Erhalt des Museums.

# BURG ORLAMÜNDE

Von weitem sichtbar liegt die Kemenate Orlamünde über dem Saaletal zwischen Jena und Rudolstadt. Am östlichen Ende der Orlamünder Oberstadt liegt der Parkplatz für die Besucher. Von hier führt der Weg vorbei an der Gottesackerkirche und am Friedhof zum Kernburggelände. Der nahezu intakte Bau ist der Rest der Stammburg der Grafen von Orlamünde aus dem 11. und 12. Jh. Die Bedeutung der Anlage und des hier ansässigen Grafengeschlechts wird auch darin deutlich, dass sie als einzige thüringische Burg in der Ebsdorfer Weltkarte aus der Zeit um 1300 verzeichnet war.

Ringmauer mit Tor

## ANREISE

**Auto** Von der A 4 an der Ausfahrt Jena-Göschwitz auf die B 88 in Richtung Rudolstadt nach Orlamünde abfahren. Im Ort nach rechts in die Oberstadt abbiegen. Die Kemenate ist ausgewiesen.

**ÖPNV** Orlamünde liegt an den Bahnstrecken Jena – Pössneck und Jena–Saalfeld.

**Fahrrad/Wandern** Mit dem Fahrrad ist Orlamünde aus drei Richtungen gut auf ausgebauten Radwegen zu erreichen. Im jenseits der Saale gelegenen Freienorla trifft der Orla-Radweg, von den 34 km entfernten Quellen des Flüsschens in Triptis kommend, auf die vierte Etappe des Saale-Radwegs, die Saalfeld und Jena verbindet.

## GASTRONOMIE UND ÜBERNACHTUNG

**Gaststätte „Erholung"** Bei einem herrlichen Blick über das Saaletal kann man sich in der Gaststätte „Erholung" mit guter Thüringer Küche stärken oder unter einer alten Linde ein kühles Getränk im Biergarten genießen. Bedarf es längerer Rast, stehen günstige Zimmer in der Pension bereit. Markt 2 • 07768 Orlamünde • Tel.: (03 64 23) 2 23 32 • www.erholung-orlamuende.de • Mi.–Fr. 9–22 Uhr, Sa./So. 10–23 Uhr    S. 10 **13**

**Gasthof & Pension Bibra** In der ruhig gelegenen Pension stehen 3 Zimmer zur Verfügung. Im Gasthof werden Thüringer Spezialitäten serviert. Dorfstraße 19 • 07768 Bibra • Tel.: (03 64 24) 5 26 13 • www.pension-bibra.de • Di.–Do. 17–21 Uhr, Fr. 11–22.30 Uhr, Sa./So. 11–22.30 Uhr    S. 10 **18**

---

### MUSEUM BURG ORLAMÜNDE

Orlamünder Burgverein • Tel.: (03 64 23) 6 02 09 • www.kemenate-orlamuende.de • Burggelände frei zugänglich. Besichtigung der Kemenate: April–Okt. 1. So. im Monat 14–17 Uhr und nach Vereinbarung

## Ⓐ VORBURG UND RINGMAUER    S. 24

Von der lang gestreckten, großflächig angelegten Vorburg sind nur noch spärliche Reste vorhanden. Auf dem Weg fallen einige ältere Mauerstrukturen ins Auge, auch ist die imposante Ausdehnung dieses wohl als Wirtschaftshof genutzten Burgbereiches gut fassbar. Einst trennte ein Halsgraben die Vor- von der Hauptburg. Erhalten sind Teile der Umfassungsmauer der Kernburg. Sie öffnet sich durch ein Tor und eine danebenliegende kleinere Pforte. Unterhalb der Schwelle der Pforte ragen noch Kragsteine hervor, die einst eine Zugangskonstruktion trugen. Seitlich des Tores sind zwei Schießscharten in die Mauer eingelassen und auf die Zufahrt ausgerichtet.

## Ⓑ KEMENATE    S. 24

Das Bauwerk wird meist als Kemenate bezeichnet. Der querrechteckige Wohnturm hatte vermutlich zusätzlich eine Schild- und Schutzfunktion für die Hauptburg.

Die steinsichtig verputzten Mauern haben eine Stärke von knapp drei Metern. Rund 24 Meter messen die Längs- und fast 12 Meter die Breitseite des 20 Meter hohen Gebäudes. Etwa neun Meter über dem heutigen Erdbodenniveau befindet sich der ursprüngliche Eingang des sechsgeschossigen Wohnturmes. In friedlichen Zeiten war er bequem durch eine leicht zu entfernende hölzerne Treppe zugänglich. Die Innenräume erhalten ihr spärliches Tageslicht durch schlitzartige Öffnungen sowie rundbogige Fenster, die wenig wohnliche Behaglichkeit der Innenräume ahnen lassen. Zwei typische Aborterker an der Nordseite der Kemenate verstärken diesen spartanischen Eindruck. Ein Zinnenkranz, der die Kemenate ursprünglich abschloss, wurde 1426, als der Wohnturm ein Zeltdach erhielt, zugesetzt.

## Ⓒ MUSEUM    S. 24

In den Räumen der Kemenate befindet sich ein kleines Museum.

Alltagsgegenstände aus der Zeit zu Beginn des vergangenen Jahrhunderts geben einen Eindruck vom Leben und den Traditionen der Stadt vor mehreren Generationen.

## KURZE GESCHICHTE DER BURG

Die Grafschaft Orlamünde spielte vor allem während des 11. Jh. in der Geschichte Thüringens eine herausragende Rolle. Die am westlichen Ufer hoch über der Saale errichtete Burg diente vermutlich schon im 9./10. Jh. als Befestigung an der Grenze zwischen deutschen und slawischen Siedlungsgebieten. Während des 11. Jh. war die Burg wahrscheinlich als Reichslehen im Besitz der Grafen von Weimar. Auf sie geht wohl der massive Ausbau der Anlage zurück. Im Mai 1112 starb Ulrich II. von Weimar und Orlamünde. Als letzter Graf aus der Weimarer Linie hinterließ er ein Herrschaftsgebiet, das mehrere Parteien für sich beanspruchten. So erklärte Kaiser Heinrich V. den Heimfall des Lehens an das Reich und wollte die Grafschaft einziehen. Andererseits wollten die Pfalzgrafen bei Rhein – Nachkommen Ottos von Orlamünde in weiblicher Linie – das Erbe antreten. Es kam zum Krieg. Pfalzgraf Siegfried starb dabei an einer Verwundung, die er sich in der Schlacht bei Warnstedt am Harz 1113 zugezogen hatte. Die Burg selbst wurde 1115 belagert und verdankte dieser Tatsache ihre erste urkundliche Erwähnung. Nach dem Sieg der Truppen des Pfalzgrafen über die Kaiserlichen im selben Jahr in der Schlacht am Welfesholz wurde die Belagerung von Orlamünde abgebrochen. Der 1121 von Kaiser Heinrich V. verkündete Landfrieden sprach Pfalzgraf Siegfried II. die Erblande Weimar-Orlamünde zu. Doch schon 19 Jahre später starb auch diese Linie der Grafen von Orlamünde aus. 1140 trat dann eine Linie der Askanier das Grafenamt in Orlamünde an. In der zweiten Hälfte des 12. Jh. wurden Burggrafen zur Verwaltung der Burg eingesetzt. Aus dem zersplitterten Streubesitz an Saale, Ilm und Unstrut entstand Mitte des 13. Jh. eine geschlossenere Herrschaft, die jedoch 1248 wieder in die Linien Weimar und Orlamünde geteilt wurde. 1342 entflammte der Thüringer Grafenkrieg als Spätfolge des Aussterbens der Ludowinger. Unter den gegen die neuen, wettinischen Landgrafen opponierenden thüringischen Geschlechtern waren auch die Grafen von Weimar-Orlamünde. 1344 musste Graf Heinrich IV. Orlamünde die Burg an den Landgrafen Friedrich den Ernsthaften verkaufen. Als letzte der bedeutenden Thüringer Grafen schlossen die Orlamünder 1346 Frieden mit den Wettinern. Das Orlamünder Stammland wurde wettinisches Lehen, die Grafen verloren ihre Reichsunmittelbarkeit. Das Geschlecht der Grafen von Orlamünde starb 1486 mit Friedrich VI. aus. Schon zu dieser Zeit hatte die Burg Orlamünde erheblich an Bedeutung verloren, da die Markgrafen von Meißen die nicht weit entfernte Leuchtenburg zu einem wichtigen Herrschaftsmittelpunkt ausbauten.

Vom 16. Jh. bis zur Mitte des 19. Jh. diente die Kemenate als Getreidespeicher. Die restliche Burg wurde als Steinbruch genutzt. Seit 1997 hat der Orlamünder Burgverein die Kemenate von der Stadt gepachtet und bietet seitdem Führungen und Veranstaltungen an.

# SCHLOSS BURGK

Wo früher Mauern, Gräben, Zugbrücken, Fallgatter und wehrhafte Torbauten den Zugang zu Burgen sicherten, sind heute die Tore weit geöffnet und Zugbrücken durch feste Verbindungen aus Stein ersetzt. Das ist im Schloss Burgk nicht anders. Dem Besucher bietet sich hier eine ausgezeichnete Möglichkeit, die barocke Wandlung von der mittelalterlichen Burg zum herrschaftlichen Residenzschloss zu beobachten. Die Zeit der großen Schlossbaukunst der Renaissance hat Burgk nie berührt und der Sprung vom funktionalen Burgenbau zur ausschweifenden Fülle barocker Repräsentationsarchitektur gelingt nur im Inneren und dies unter provinziellen Bedingungen und Möglichkeiten.

Küchenbau

## ANREISE

**Auto** Die A 9 an der Ausfahrt Schleiz auf die B 282 in Richtung Saalburg verlassen und der Ausschilderung nach Burgk folgen. Das Parken auf dem Parkplatz der Gemeinde Burgk beim Ortseingang wird empfohlen, da sich in der Ortslage keine Parkplätze befinden.

**ÖPNV** Von Schleiz verkehrt wochentags ein Bus nach Burgk (www.kombus-online.eu).

**Fahrrad/Wandern** Burgk liegt am Saale-Radwanderweg und der D-Radnetzroute 11, die Deutschland von der Ostsee bis nach Österreich durchquert, nicht ganz mittig zwischen Jena und dem bayrischen Hof. Von der thüringischen Stadt sind etwa 65 km zu fahren, aus Bayern knapp 50 km.

## GASTRONOMIE UND ÜBERNACHTUNG

**Gaststätte & Pension „Zum Saaleblick"** Die familiär geführte Pension in Burgk wartet mit gemütlichen, modernen Gästezimmern auf. Im Restaurant, Café und auf der Terrasse werden Speisen und Getränke, Kuchen und Eisspezialitäten serviert. Ortsstraße 6 • 07907 Burgk • Tel.: (0 36 63) 40 23 43 • www.zum-saaleblick.de • Im Sommer Mo.–So. 11–17 Uhr   S. 10 **16**

**Hotel & Restaurant „Am Schlossberg"** Das Hotel im nahen Ziegenrück verfügt über 43 Zimmer. In kleineren Suiten werden auch gehobene Urlaubsansprüche erfüllt. Im Restaurant werden regionale, gutbürgerliche sowie vegetarische Speisen serviert. Ein gut ausgestatteter Wellness- und Freizeitbereich rundet das umfangreiche Angebot des Hauses ab. Paskaer Straße 1 • 07924 Ziegenrück • Tel.: (03 64 83) 7 50 • www.hotel-am-schlossberg-ziegenrueck.de • Mo.–So. 7–24 Uhr   S. 10 **19**

### MUSEUM SCHLOSS BURGK

07907 Burgk/Saale • Tel.: (0 36 63) 40 01 19 • www.schloss-burgk. de • April–Okt. Di.–So. 10–17 Uhr, Nov.–März Di.–Fr. 10–16 Uhr, Sa./So. 12–17 Uhr.

Trauungen auf Schloss Burgk: Standesamt • Tel.: (0 36 651) 7 71 19

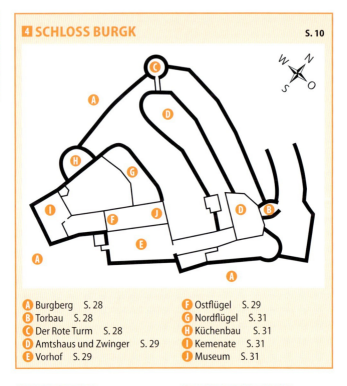

**4 SCHLOSS BURGK** S. 10

## Ⓐ BURGBERG   S. 28

Der schmale Bergsporn fällt steil nach drei Seiten zur Saale ab. Ein Wallgraben schneidet in die felsige Hochfläche und erschwerte einst den Zugang zum Burgberg.

## Ⓑ TORBAU   S. 28

Anstelle einer hölzernen Zugbrücke führt heute eine dreifach gewölbte Brücke aus Stein über den Wallgraben zunächst zu einer barbakanenartigen Toranlage. Der Bau stammt aus dem 19. Jh., wurde jedoch auf den Mauern älterer Bauteile errichtet.

## Ⓒ DER ROTE TURM   S. 28

Links wird die Zufahrt von einer Eckbastion gesichert. Auf der rechten Seite zieht sich die innere Grabenmauer, gleichzeitig Teil des äußeren Mauerrings, zum Roten Turm. Er bildet die Nordwestspitze der fast dreieckigen Burganlage. Der 16 Meter hohe mittelalterliche Rundturm (Ø fast 10 m) war ursprünglich nur über eine Zugbrücke vom Zwinger zu erreichen. 1618/19 erhielt er einen formenreichen Fachwerkaufsatz mit kleinen Ziergiebeln. Dem Farbanstrich seiner barocken Haube verdankt er seinen Namen. Im 19. Jh. diente der Turm dem Burgker Amtsgericht als Gefängnis, weshalb sich auch die Bezeichnung „Hungerturm" einbürgerte.

### ❶ AMTSHAUS UND ZWINGER S. 28

Das zweigeschossige Torhaus fällt durch seine leicht gekrümmte nördliche Außenmauer auf, die im Erdgeschoss noch den ursprünglichen Wehrbau erkennen lässt. Das Obergeschoss besitzt teilweise ein sehr schönes Sichtfachwerk, das bei der Aufstockung des Gebäudes um 1635 errichtet wurde. Zu dieser Zeit wurde das Torhaus als Amtshaus genutzt. Unmittelbar nach dem Durchqueren des Torgebäudes bietet sich ein beeindruckendes Bild. Blockhaft erhebt sich das massige Gebäudeensemble über dem zweiten Wallgraben, den abermals eine steinerne Brücke überspannt. Hinter dem Torhaus ragt das steile, in einen Essenkopf mündende Zeltdach eines Küchengebäudes auf. Daran schließt sich ein weiterer mit Schießscharten versehener Mauerzug an, der in Höhe des Roten Turmes in die burgseitig mit Wehrgängen ausgestattete 7,5 Meter hohe Schildmauer übergeht. Dieser Gebäudekomplex, der von den Mauern und dem Torhaus gebildet wird, ist ein klassisches Beispiel für einen Burgzwinger.

### ❷ VORHOF S. 28

Unmittelbar hinter der den zweiten Graben überspannenden Brücke öffnet sich der mauerumwehrte Vorhof. Die Hoffläche ist unterkellert und war bis 1739 durch ein weiteres Torhaus gesichert. Während der Abrissarbeiten fand man die Überreste eines Hundes – heute in einer Nische der Tordurchfahrt des Ostflügels zu sehen –, der vermutlich als Bauopfer eingemauert worden ist.

### ❸ OSTFLÜGEL S. 28

Der Ostflügel beherbergt im Geschoss über dem Tor den Damensalon mit seiner aufwändig bemalten Leinentapete, den Kleinen Saal (das ehemalig fürstliche Tafelgemach) und die Schlosskapelle. Der spätgotische von einem Kreuzgratgewölbe überspannte Sakralraum gehört zu den ältesten Bauteilen der Burg. Spätere bauliche

Rittersaal

Veränderungen lassen nur noch wenig von der ursprünglichen Baustruktur erkennen. In der Kapelle faszinieren frühbarocke Einbauten mit ihren Bildschnitzerarbeiten und der wunderbare Klang der 1743 von Gottfried Silbermann fertiggestellten Orgel. Im oberen Geschoss liegt die Neue Galerie. Die Räume dienten als fürstliche Wohn- und Schlafzimmer. Heute werden hier wechselnde Ausstellungen der Gegenwartskunst und des Kunsthandwerks präsentiert. An die Neue Galerie schließt das Jagdzimmer an. Hier sind Zeugnisse der fürstlichen Jagdkultur des 17. bis 19. Jh. zu sehen. Sie erinnern an die Zeit, als die Greizer Reußen Schloss

## KURZE GESCHICHTE VON BURG UND SCHLOSS

Die Burg wurde 1365 erstmals erwähnt, doch es gibt Indizien für ein wesentlich höheres Alter. Ob dies allerdings bis ins 9. Jh. und damit in die Regierungszeit Kaiser Karl des Großen reicht, ist unklar. Auffällig ist zumindest, dass Burgk zu dem die Saaleübergänge beherrschenden Burgensystem gehörte und damit eine gleiche Aufgabe besaß wie die Burgen Blankenberg, Hirschberg und Sparrenberg. Allerdings ist auf Burgk von einer derartigen frühmittelalterlichen Anlage bisher nichts entdeckt worden. Bereits knapp fünfzig Jahre nach der ersten urkundlichen Erwähnung wurde die Burgker Veste modernisiert. Aus dieser Zeit stammt noch die Kemenate, der wohl bedeutendste Baukörper der nun errichteten Randhausburg. Verlässliche Darstellungen über die Baugestalt dieser Burg gibt es nicht, auch die nachfolgenden architektonischen Veränderungen sind nicht durch Zeichnungen oder Abbildungen dokumentiert. Allerdings sind Bauarbeiten am Roten Turm und an der Schildmauer im Jahr 1545 bekannt. Zu Beginn des 17. Jh. erfolgte der tief greifende Umbau der Burg zum Schloss, das ab 1616 der älteren Linie Reuß als erster selbständiger Herrschaftsmittelpunkt diente. Der Aufstieg der Reußen in den Grafenstand 1673 und die rund einhundert Jahre spätere Erhebung der Reußen, ältere Linie, in den Fürstenstand brachte für Burgk einen allmählichen Bedeutungsverlust. Der räumlich eng begrenzte Bergsporn taugte nicht für repräsentative Schlossanlagen. Ab 1697 wurde Schloss Burgk kurzzeitig als Jagd- und Sommerschloss genutzt. Daran änderten auch die während der Regentschaft Heinrichs III. erneut einsetzenden baulichen Veränderungen nichts, wenngleich durch sie die Schlosskapelle eine Silbermann-Orgel erhielt und die Innenräume teilweise im Geschmack des Rokoko eingerichtet wurden. Während des späten 19. und frühen 20. Jh. kam es noch einmal zu architektonischen Eingriffen, die jedoch das bis dahin entstandene Gesamtbild des Schlosses nicht mehr wesentlich prägten. Das Schloss blieb nach der Fürstenenteignung 1918 im Privatbesitz der Familie Reuß. Nach 1945 kam es in den Besitz des Landes Thüringen, und ab 1952 wurde Schloss Burgk vom Landkreis Schleiz verwaltet.

Burgk als Jagd- und Sommersitz nutzten.

## ⑥ NORDFLÜGEL            S. 28

Der östliche Bau bildet mit dem Nordflügel eine Gebäudeeinheit. An der zum Zwinger weisenden Außenfassade sitzen mehrere kleine Aborterker. Über einen breiten Treppenaufgang erreicht man das erste Obergeschoss mit dem barocken Prunkzimmer. Sein imposantes Baldachinbett vergegenwärtigt den Versuch, die Pracht großer Königs- und Fürstenhöfe nachzuahmen. Darüber befindet sich der Studienraum, das ehemalige Herrenzimmer – die sogenannte Trinkstube. An den Ostflügel grenzen die Waffenkammer und das Pirckheimer Kabinett an.

## ⑧ KÜCHENBAU            S. 28

Den westlichen Bereich der Kernburg bildet eine Mauer mit Wehrgang, die im Halbrund den um 1600 errichteten Küchenbau umfasst. Der Kegelkamin ist mit über 21 Metern der größte seiner Art in Deutschland. Über ihn zog der Rauch vom darunterstehenden offenen Herd ab. Zu den Besonderheiten der Burgküche zählt außerdem ein mechanischer Bratenwender, eine technische Attraktion aus dem frühen 17. Jh.

## ⑨ KEMENATE            S. 28

Der an seinen Außenwänden schmucklose dreigeschossige Südflügel gehört zu den für die Burgen an der Saale typischen Kemenaten. Der Breitwohnturm wurde 1403 errichtet. In seinem Untergeschoss befindet sich das Mühlengewölbe. In der darüberliegenden Etage befinden sich drei Salons. Der Musiksalon, wegen seiner türkisfarbenen Wandbespannung auch Grüner Salon genannt, wurde Mitte des 18. Jh. im Stil des Rokoko eingerichtet. Durch den nach der karminroten Seidendamast-Tapete benannten Roten Salon verbunden, bilden der Musik- und der Chinasalon das Ensemble der fürstlichen Wohnzimmer. Das Obergeschoss nimmt der Rittersaal ein. Der überaus repräsentative Saal, dessen reich ornamentierte Renaissancedecke von einer sehr seltenen Hängewerkkonstruktion getragen wird, entspricht dem Grundriss der spätmittelalterlichen Kemenate. Der großartige Raum vermittelt anschaulich die alte Raumstruktur, die durch die Farbgebung aus der Zeit um 1601 erheblich an Ausstrahlungskraft und Glanz gewonnen hat.

## ⑩ MUSEUM            S. 28

Neben den Räumlichkeiten der Burg, die mit ihrer Ausstattung die Lebenswelt in einem barocken Fürstenschloss vergegenwärtigt, zeigt das Museum unterschiedliche Ausstellungen. Auf Schloss Burgk befindet sich mit mehr als 75.000 Blättern eine der größten europäischen Exlibris-Sammlungen. Darüber hinaus beherbergen die Mauern der Burg eine beachtliche Anzahl von Künstlerbüchern.

# BURG RANIS

Erhaben thront die Burg Ranis auf dem Bergrücken über dem gleichnamigen Ort. Das Kalkweiß der schlossartigen Gebäude der kleinen Hauptburg im Westen scheint zu leuchten. Sie überragt noch der runde Bergfried. Trutzig wirkt dagegen der Querriegel, den das erhaltene Vorburggebäude bildet. Es trennt den großen Burghof zur Hauptburg hin vom Bereich der Vorburg. Im Inneren der Burg offenbart das Museum seinen Besuchern Wissenswertes aus der Natur und der Geschichte des Landschaftsgebietes um Ranis.

Erker an der Südfassade der Hauptburg

## ANREISE

**Auto** Die A 4 an der Ausfahrt Jena-Göschwitz, auf die B 88 in Richtung Rudolstadt/Kahla verlassen, dann in Orlamünde auf L 1108 in Richtung Pößneck abbiegen. In Pößneck rechts auf Neustädter Straße und weiter auf die B 281 Richtung Saalfeld, dann auf die L 1104 nach Ranis fahren.

Von der A 9 die Ausfahrt Triptis nehmen und auf der B 281 in Richtung Saalfeld/Pößneck fahren. In Pößneck auf die L 1104 nach Ranis abbiegen.

**ÖPNV** Pößneck ist aus Jena mit der Bahn zu erreichen. Von hier sind es noch einmal ca. 7 km bis zu Burg Ranis. Von Pößnek verkehren täglich Busse nach Ranis (www.kombus-online.eu).

**Fahrrad/Wandern** Vom Saale-Radwanderweg in Orlamünde/Freienorla biegt man in das Tal der einmündenden Orla auf den Saale-Orla-Radweg ab und folgt ihr ca. 10 km bis Pößneck.

## GASTRONOMIE UND ÜBERNACHTUNG

**Gasthaus „Zur Schmiede"** Das 1898 gegründet Gasthaus unterhalb der Burg bietet preiswerte, bodenständige Gerichte. August-Bebel-Straße 26 • 07389 Ranis • www.schmiede-ranis. de • Mo./Do./Fr. 18–22 Uhr, Sa./So. 17–22 Uhr   S. 10 **17**

**Gasthof & Pension „Deutscher Garten"** Das Haus verfügt über 12 moderne Zimmer mit TV und Internetzugang sowie eine Bowlingbahn. In der Gaststätte werden regionale Gerichte angeboten. Im Sommer Biergarten. Bahnhofstraße 9 • 07389 Ranis • Tel.: (0 36 47) 41 39 57 • www.deutscher-garten.de   S. 10 **15**

**Saaletalbaude Kalte Schenke** Südwestlich von Ranis, an der Hohen Straße zwischen Schmorda und Kamsdorf liegt Kalte Schenke. Hier serviert man in der Saaletalbaude gutbürgerliche Speisen in unverwechselbarem Ambiente. Die gute und schmackhafte Küche ist ein lokaler Geheimtipp. Ortsstraße 8 a • 07389 Wilhelmsdorf/OT Kalte Schenke • Tel.: (0 36 47) 41 33 31   S. 10 **22**

## MUSEUM BURG RANIS
07389 Ranis • Tel.: (0 36 47) 41 33 45 • www.stadt-ranis.de/burg • April–Okt. Di.–So./Feiertag 10–17 Uhr, Nov.–März Di.–Fr. 10–16 Uhr, Sa./So./Feiertag 13–17 Uhr. Heiraten auf Burg Ranis: Standesamt • Tel.: (0 36 47) 43 12 35

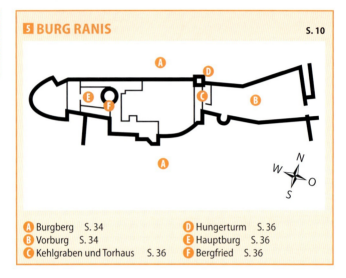

**5 BURG RANIS** S. 10

## Ⓐ BURGBERG    S. 34

Selten richtet sich der Blick zuerst auf den Berg oder Fels und dann erst auf die ihn krönende Burg. In Ranis sollte es ganz anders sein, denn der Burgberg, ein steil aufragendes Riff aus dem Zechsteinmeer, birgt einen Schutz bietenden Wohnplatz, den sonst keine Thüringer Burg aufweisen kann! In der Zechsteinklippe ist die Ilsenhöhle zu finden, die vor rund 40.000 Jahren altsteinzeitlichen Jägern als Lager diente. Werkzeuge und Waffen aus Stein, Schmuck aus Geweih und Knochen, teilweise mit zartlinigen Gravuren versehen, lassen das Geschick und den Kunstsinn der Höhlenbewohner erkennen. Erst rund 39.000 Jahre später ist von Ähnlichem zu berichten, 1084 wird die Burg zum ersten Mal urkundlich erwähnt.

## Ⓑ VORBURG    S. 34

Nach kurzer Wegstrecke in Richtung Burg zerschneidet ein noch verhältnismäßig gut ausgebildeter Wallgraben den knapp 400 Meter langen Bergsporn. Hinter dem Graben ragt die von einem bastionsartigen Bauwerk gesicherte Mauer der Vorburg auf. Ein mit Schießscharten bewehrter Torbau sichert den Zugang zum ersten Abschnitt der dreigeteilten Burganlage. Die in der lang gestreckten, leicht asymmetrisch angelegten Vorburg errichteten Wirtschaftsgebäude sind nicht mehr erhalten. Nur archäologische Untersuchungen geben noch Aufschluss über diesen Bereich, der vermutlich schon während der romanischen Bauphase der Burg entstand. Ober-

► Torhaus und Hungerturm

halb eines teilweise gedeckten Zuganges von der Stadt in die Vorburg ist im südlichen Mauerzug der Rest eines halbrunden Flankierungsturmes erhalten geblieben. Dahinter erhebt sich riegelartig der querrechteckige Torbau, der den Zugang von der Vor- zur Hauptburg sichert.

## ● KEHLGRABEN UND TORHAUS S. 34

Das Vorburggelände und die Kernburg wurden von einem heute teilweise verfüllten Kehlgraben getrennt und durch das Torhaus gesichert. Hinter dem Graben wirkte der riegelartige Torbau als massives Bollwerk bei Angriffen gegen die hier besonders gefährdete Seite der Burg. Die Toranlage war außerdem in Form eines schwer einzunehmenden Kammertores gestaltet, das im nördlichen Bereich zusätzlich durch eine zwingerartige Anlage gesichert wurde. Auch die ebenfalls asymmetrisch ausgebildete Torfahrt, der Zugang zur Kernburg, bot im Verteidigungsfall der Besatzung kampftechnische Vorteile.

## ● HUNGERTURM S. 34

Am nördlichen Ende des massiven Gebäuderiegels erhebt sich der schlanke, quadratische Hungerturm. Von ihm hat man eine gute Sicht in die Umgebung, weshalb er auch den Namen „Luginsland" trug. Der Turm wurde wahrscheinlich im 14. Jh. errichtet und besitzt bei einer Seitenlänge von etwas

über einem Meter eine Mauerstärke von 1,1 Metern. Im Inneren des Turms befand sich das 9 Meter tiefe Burgverlies.

## ● HAUPTBURG S. 34

Der Weg zur Hauptburg führt vom 1465 erbauten und nach einem Brand 1648 wieder errichteten Torhaus zunächst in den Burghof. Im westlichen Bereich des lang gestreckten Hofes bildet eine dreiflügelige Gebäudegruppe den Kern der Bergveste. Die Dachzone der dreigeschossigen, hofseitig eher schlicht wirkenden Bauten wird durch Zwerchgiebel gegliedert, die wiederum mit reichem Volutenschmuck dem Bauensemble ein markantes Gepräge verleihen. Die architektonische Struktur der Feldseite bestimmt am leicht vorspringenden Südflügel ein typischer Renaissanceerker. Zumindest durch ihn wird der Schlosscharakter der Anlage betont. Um jenen zu erreichen, fanden am Ende des 16. und zu Beginn des 17. Jh. tief greifende Umbauten statt. Das bis dahin eher burgartige Aussehen der Bergveste wurde nach dem Geschmack der Zeit modernisiert.

## ● BERGFRIED S. 34

Die Spuren der mittelalterlichen Burg sind nicht zu übersehen. So ragt aus dem Westflügel der Hauptburg ein vermutlich im 12. Jh. errichteter Bergfried auf. Der Rundturm mit verschieferter Haube und Laterne bietet eine hervorragende Fernsicht bis zu den Bergen des Thüringer Waldes. Der Blick von ihm zeigt zudem, dass die Burganlage in westlicher Richtung, fast schon auf der Spornspitze, noch einen kleinen Hof besitzt, der im Norden und Süden durch zwei eher schlichte Bauten begrenzt wird. Den westlichen Abschluss bildete ursprünglich ein Kapellenbau, der jedoch abgerissen wurde. Der anschließende zwingerartige Abschnitt wurde laut Überlieferung zeitweise als Würzgarten genutzt. Dieser Bereich um den Bergfried, zu dem auch ein Brunnen gehört, wird als der älteste Teil der Höhenburg angesehen.

## KURZE GESCHICHTE DER BURG

Die erste Erwähnung der Burg Ranis verweist auf die Belehnung Wiprechts von Groitzsch mit dem „castrum ranis" 1084 durch Kaiser Heinrich IV. Im folgenden Jahrhundert saß ein gleichnamiges Ministerialengeschlecht auf der Burg. Später verblieb die Burg für zweihundert Jahre in den Händen der Grafen von Schwarzburg, nachdem sie 1208 König Otto IV. als Pfand in die Hände der Grafen gegeben hatte. Sie erweiterten die aus dem Bergfried, einem Wohnturm und einer Schildmauer bestehende Burg. Es entstanden weitere Wohn- und Nebengebäude und die Kapelle. Außerdem wurden die Vorburg mit den Torbefestigungen und dem Hungerturm erbaut. Günther XXI. von Schwarzburg hielt 1341/42 Albrecht von Mecklenburg, den späteren Herzog und Schwager des schwedischen Königs, für mehrere Monate auf Burg Ranis gefangen. 1418 kaufen die Wettiner Ranis. Für 1436 ist die Ausstattung an Feuerwaffen der Burg mit „1 Steinbuchs von 13 Zentnern, 2 cleyne steinbuchss und 16 hantbuchs" angegeben, eine für damalige Verhältnisse beachtliche Zahl.

Als Herzog Wilhelm III. von Thüringen 1463 seine Mätresse Katharina von Brandenstein heiratete, schenkte Burg und Herrschaft Ranis ihrem Bruder Heinrich. Die Brandensteins verkaufen 1571 Teile ihres Besitzes an die Herren von Breitenbauch, die den Umbau der Burg zu einem Renaissance-Schloss veranlassen. In den folgenden Jahren liegen beide Familien immer wieder im Streit um Nutzung ihres gemeinsamen Anwesens. 1646, kurz vor Ende des Dreißigjährigen Krieges wurden umfangreiche Reparaturarbeiten nötig, um größere Brandschäden zu beheben. In Folge des Wiener Kongresses wurde Ranis 1815 preußisch und gehörte nun zum Kreis Ziegenrück. Die Breitenbauchs fungierten nun mehrfach als Landräte. 1856 verlegte Ludwig Franz von Breitenbauch das Landratsamt auf die Burg. In den folgenden Jahrzehnten fanden intensive Instandsetzungs- und Renovierungsarbeiten statt, dabei wurde unter anderem die gotische Burgkapelle abgerissen. 1942 wurde die Burg an das Deutsche Rote Kreuz verkauft. Nach dem Krieg nutze es die Sowjetarmee als Quartier. In dieser Zeit gingen die Bestände des 1926 gegründeten Museums weitgehend verloren. Die Stiftung Thüringer Schlösser und Gärten übernahm die Anlage 1994 und ließ sie bis 2010 mit erheblichem Aufwand sanieren.

# OSTERBURG WEIDA

Die nahezu elliptische Anlage der Osterburg in Weida, der Stammsitz der gleichnamigen Vögte, erhebt sich auf steilem Fels über dem Zusammenfluss von Auma und Weida. Die Anlage ist eine sogenannte Randhausburg, bei welcher die Außenmauern der Burggebäude die schützende Ringmauer formen. Den Namen Osterburg – nach dem sie umgebenden Thüringer Osterland – erhielt der Herrschaftssitz erst im Laufe des 16. Jh. Heute beherbergt die Burg neben dem Museum ein Künstleratelier, eine Galerie sowie gastronomische Einrichtungen.

Bergfried

## ANREISE

**Auto** Die A 4 an der Ausfahrt 58b-Gera in Richtung Greiz/Weida verlassen. Über die B 2 auf die B 92 und dieser bis nach Weide folgen. In Weida auf die Geraer Straße zur Osterburg abbiegen. Von der A 9 die Ausfahrt Triptis nehmen und auf der B 281/B 2 in Richtung Gera fahren und nach ca. 10 km nach rechts auf die B 175 nach Weida abbiegen.

**ÖPNV** Weida liegt an den Bahnstrecken von Leipzig/Gera nach Saalfeld bzw. Hof/Regensburg.

**Fahrrad/Wandern** Weida liegt nur wenige Kilometer abseits des Elsterradwegs. Von der Elster-Quelle in Asch/Tschechien führt diese Route auf 250 km durch Sachsen und Sachsen-Anhalt bis zur Mündung in die Saale bei Halle. In Wünschendorf/Elster auf die Weidaer Straße/L 2330 abbiegen. Von hier sind es, vorbei am beeindruckenden Kloster Mildenfurth, ca. 5 km bis Weida.

## GASTRONOMIE UND ÜBERNACHTUNG

**Wirtschaft zur Osterburg** Im Keller der Burg nutzt die Wirtschaft zur Osterburg das Ambiente des historischen Tonnengewölbes. Die rustikale Küche bietet eine Vielzahl von Suppen, Fleisch, Geflügel und Fisch. Schlossberg 14 • 07570 Weida • Tel.: (03 66 03) 6 24 85 • www.wirtschaft-zur-osterburg.de • Mi.–Sa. ab 17 Uhr, So. 11.30–14/17–21 Uhr   S. 10 **23**

**Bar & Café Klosterschänke** Bodenständige Küche mit vielfältigem Salatangebot. Im Sommerbiergarten. Marktstraße 8 • 07570 Weida • Tel.: (03 66 03) • 64 65 45 • www.klosterschaenke-weida.de • Mi.–So. ab 17 Uhr   S. 10 **10**

**Restaurant & Pension „Zum Aumatal"** In der Pension stehen 10 Zimmer bereit. Gäste können eine Bowling- und Kegelbahn nutzen. Das Restaurant wartet mit Speisen aus fünf Kontinenten auf, bietet aber auch Thüringer Küche an. Liebsdorfer Straße 6 • 07570 Weida • Tel.: (03 66 03) 60 09 30 • www.zum-aumatal.de • Mo.–Do. 11–14/17–23 Uhr, Fr. 11–14/17–24 Uhr, Sa. 11–24 Uhr, So. 11–22 Uhr   S. 10 **21**

---

## MUSEUM IN DER OSTERBURG
Schlossberg 14 • 07570 Weida • Tel.: (03 66 03) 6 27 75 • www.osterburg-vogtland.eu • April–Okt. Di.–So./Feiertag 10–18 Uhr, Nov.–März 10–16 Uhr

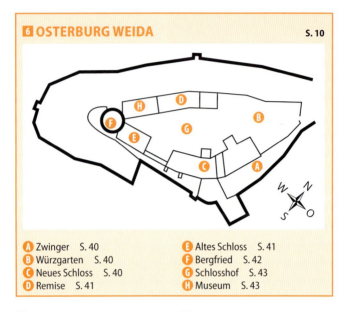

**6 OSTERBURG WEIDA**  S. 10

## **A ZWINGER**  S. 40

Aus der Stadt führt ein steil ansteigender, mauerbewehrter Weg zur Burg. Der zwingerartige Zugang führte zu einem Torbau, der vermutlich 1536 umgestaltet wurde.

## **B WÜRZGARTEN**  S. 40

Oberhalb des Zwingers, im nördlichen Burgbereich, befindet sich der „Mittelalterliche Wurzgarten". In die Wegestruktur eingelassene Pflastersteine zeigen den Mauerverlauf früherer, Ende des 18. Jh. abgerissener Gebäude. In mittelalterliche Gewürzgärten wurden Nutzpflanzen für die Küche und zu Heilzwecken, aber auch Färbepflanzen gezüchtet. Heute finden sich im Würzgarten neben den Nutz- auch Zierpflanzen.

## **C NEUES SCHLOSS**  S. 40

Das heutige Tor in die Burg führt durch das aus zwei romanischen Bauten zum „Neuen Schloss" zusammengefasste Gebäude. Bereits beim Aufgang zur Osterburg fallen an dem Nordflügel der Anlage in der hellen Putzfläche unter der Fensterreihe des zweiten Obergeschosses fünf gewaltig Arkadenbögen auf. Sie lassen vermuten, dass dieser Gebäudeteil der ehemalige Palas der Burg war. Denn eine ähnlich großartige Arkatur ist auch auf der Runneburg in Weißensee oder beim Palas der Wartburg zu finden.

Auf der Hofseite fällt nun am selben Gebäudeflügel der vorgesetzte Treppenturm ins Auge. Im zweiten Obergeschoss besitzt er eine qualitätvolle Loggia aus einer ganz anderen Stilepoche. Hohe Arkaden tragen das dritte Obergeschoss und die darüber errichtete geschweifte Turmhaube. Dieser Bauschmuck und das ebenerdige Turmportal mit reicher Reliefierung weisen auf die Formensprache der Renaissance hin. Tatsächlich war hier ein Baumeister von Rang mit den Arbeiten befasst. Nickel Grohmann, der Renaissancebaumeister Thüringens, hat auf der Osterburg zum ersten Mal 1536 nachweislich gearbeitet. Zahlreiche Aufträge, darunter die Kapelle im Schloss Torgau – der erste deutsche Kirchenbau der Reformation – sollten folgen.

Auch der zweite Gebäudeteil des Neuen Schlosses, in dem später das Amtsgericht untergebracht war, zeigt hofseitig ältere Schmuckformen. Darunter romanische gekuppelte Rundbogenfenster und verblendete gotische Fenster- oder Türgewände.

## Ⓓ REMISE · S. 40

Die schlichten Gebäude, die westlich gegenüber dem Neuen Schloss errichtet wurden, dienten als Remisen, Pferdeställe und Holzlager. Heute sind hier Museumsräume – das Wappenzimmer, eine Bauernstube und ein Bürgerzimmer – untergebracht, es werden u. a. Burgmodelle gezeigt.

## Ⓔ ALTES SCHLOSS · S. 40

Das Alte Schloss, der südliche, an den Bergfried anschließende, mittelalterliche Massivbau, gehört zu den ältesten Teilen der Burg.

Schlosshof

Äußerlich lässt er jedoch kaum noch ursprüngliche Gebäudeformen erkennen. Wie auch das Neue Schloss wurde dieser Flügel durch den Umbau von 1536 überformt. Aus dieser Zeit stammt u. a. der schön geschwungene Volutengiebel, der das Dach des dreigeschossigen Gebäudes nach Norden abschließt.

### ⑥ BERGFRIED                    S. 40

Das Alte Schloss überragt der wohl markanteste Bau der gesamten Anlage, der 54 Meter hohe Bergfried. Der älteste Teil des Rundturmes mit teilweise bis zu 5,40 Meter mächtigem Mauerwerk wurde vermutlich bereits im 12. Jh. errichtet. Der schmalere Oberbau und der achteckige, spitze Steinhelm, die dem Turm das unverwechselbare Aussehen geben, sind vermutlich erst im 14. Jh. aufgesetzt worden. Damit ist die Baugeschichte des markanten Bergfrieds jedoch nicht erschöpft, denn bis vor kurzem umschloss das aufgesetz-

---

### KURZE GESCHICHTE VON BURG UND SCHLOSS

Der Aufstieg vom Tellerwäscher zum Millionär ist keine Erfindung der Gegenwart. So etwas gab es schon im Mittelalter. Ein ganzer Landstrich – das Vogtland – verdankt solcherart Emporkömmlingen seinen Namen. Vermutlich zog noch vor der Mitte des 12. Jh. die sächsische Ministerialenfamilie aus der Gegend um Mühlhausen in das Gebiet der mittleren und oberen Weißen Elster, um als kaiserliche Dienstmannen in Erscheinung zu treten. 1122 ist zum ersten Mal von einem Erkenbertus de Withaa die Rede, später wird von den Vögten von Weida berichtet. Rasch stiegen die Vögte in den Herrenstand auf und dehnten ihr Herrschaftsgebiet bis nach Hof und ins Egerland aus. Ihre größte politische Bedeutung entwickelten die Vögte von Weida bis in die Mitte des 14. Jh. Zu dieser Zeit fungierten sie auch als Reichslandrichter im Eger- und im Pleißenland. Durch Erbteilungen von 1209 und 1249 entstanden die Hauptlinien Weida, Gera und Plauen. Sämtliche männliche Angehörige aller Linien tragen ausschließlich den Namen Heinrich. Den Beinamen „Reuße, Reuß" (Ruthenus), erhielt Heinrich II. v. Plauen wegen seiner Verbindungen nach Russland. Daraufhin sind die Vögte von Plauen als Reußen in die Geschichte eingegangen. Die Bergveste diente ihnen als Herrschaftsmittelpunkt und kam 1427 in den Besitz der Kurfürsten von Sachsen. Unter der Leitung von Nickel Grohmann begannen 1536 Umbauarbeiten zum Renaissanceschloss, in dem ein Amtssitz untergebracht wurde. Bis ins 17. Jh. wurde die Burg der Vögte von Weida nur als „Haus zu Weida" bezeichnet. Während des Dreißigjährigen Krieges gingen Schloss und Stadt Weida in Flammen auf. Zwischen 1647 und 1670 wurde das Schloss Osterburg in weitgehend vereinfachter Bauform wiederhergestellt. Ab 1818 war darin zunächst ein Kammer- später ein Amtsgericht untergebracht, das bis 1949 samt Gefängnis genutzt wurde. Einige Schlossräume dienen seit 1930 als Heimatmuseum.

Bergfried, Altes und Neues Schloss

te Bruchsteinwerk des Turms ein über Jahrhunderte verborgenes Geheimnis: Hinter der robusten Mauerschale sind Ziegelmauerverbände vorhanden, die aus der Zeit um 1280 stammen. Ziegelmauerwerk galt durch seine rote Farbe als Herrschaftssymbol, die Vögte von Weida setzten es auch auf ihren Burgen in Greiz und Gera ein. Als Vorbild diente ihnen wohl der Bergfried der kaiserlichen Burg Altenburg.

## 🄶 SCHLOSSHOF                    S. 40

Durch die jüngste Bauforschung konnte zwischen dem Neuen und dem Alten Schloss ein zweibogiges Tor entdeckt werden. Dennoch ist bis zum heutigen Tag die Baugeschichte der mittelalterlichen Osterburg trotz zahlreicher Be-

funde noch nicht hinreichend erschlossen. So können das Aussehen und die Aufgabe der Anlagen im Bereich des Schlosshofes und des Neuen Schlosses nur vermutet werden.

## 🄷 MUSEUM                        S. 40

Die ständigen Ausstellungen des Museums informieren zur Stadtgeschichte und zur Bedeutung der Stadt („Weida – Wiege des Vogtlandes"). Im Alten Schloss befindet sich außerdem das Lapidarium, eine Sammlung steinerner Exponate sowie historisch wertvoller Grabplatten und Wappensteine. Die „Galerie im Alten Schloss" und das Künstleratelier im Neuen Schloss machen die Osterburg auch zu einem Treffpunkt der Kunstliebhaber.

# TIPPS FÜR ABSTECHER

## 7 BLEILOCH-TALSPERRE

Nur wenig südlich von Schloss Burgk wird die Saale auf einer Länge von 28 Kilometern in der Bleilochtalsperre gestaut. Der Name geht auf die Bleilöcher zurück, in denen vor der Anstauung des Flusses das Metall abgebaut wurde. Mit 215 Mio. Kubikmeter Stauvolumen ist sie die größte Talsperre Deutschlands. Ihre Staumauer hat eine Höhe von 65 Metern. Im Gebiet des Stausees werden geführte Wanderungen mit ausgebildeten Naturführern angeboten. Von Saalburg aus, dessen untere Ortsteile zu Stauzwecken überflutet wurden, kann das Gewässer mit Passagierschiffen befahren werden.

Fahrgastschifffahrt Saalburg GmbH • Am Torbogen 1 • 07929 Saalburg-Ebersdorf • Tel.: (03 66 47) 2 22 50 • www.saalburg.de

## 8 BERGKIRCHE SCHLEIZ

Am nördlichen Ortsrand von Schleiz liegt die evangelische Bergkirche St. Marien, deren reich geschmücktes barockes Inneres überrascht. Beeindruckend ist vor allem das Schnitzwerk des Burkschen Epitaphs mit der Darstel-

Konzert in der Bergkirche Schleiz

lung der Familie Heinrichs II. Reuß zu Burgk aus der 2. Hälfte des 17. Jh. Daneben sind u. a. der Altar (1635), die Orgel, die Annenkapelle und weitere Epitaphe und Tumben sehenswert.

Bergstraße • 07907 Schleiz • Tel.: (0 36 63) 42 26 66 (Bergkirchnerei) • www.bergkirche-schleiz.de • Mai–Okt. Di.–So. 14.30–16.30 Uhr und auf Anfrage

### 9 KEMENATE REINSTÄDT
**S. 10**

Rund zehn Kilometer nordwestlich von Orlamünde steht ein weiterer massiver Wohnturm. Am Ende eines schmalen Seitentales der Saale liegt das idyllische Fachwerkdorf Reinstädt. Die Kemenate von Reinstädt bietet dem interessierten Besucher einen aufschlussreichen Einblick in die Baugeschichte dieser typischen Bauwerke. Der Reinstädter Bau ist im Vergleich zur Kemenate von Orlamünde relativ jung.

Zwar existiert vor Ort schon 1083 ein Adelssitz, doch wurde mit der Errichtung des Wohnturms nach urkundlicher Überlieferung 1408 begonnen. Das rechteckige, fünfgeschossige Gebäude steht heute frei im Hofbereich der Anlage. Neben ehemaligen Wirtschaftsgebäuden muss auch die befestigte Dorfkirche St. Michael (1473 geweiht) im baulichen Zusammenhang mit der Kemenate gesehen werden. Das Gotteshaus war im Mittelalter Teil der von einer Mauer umschlossenen Wehranlage. Davon zeugen Reste des Wehrgangs, Schießscharten und ein Gießerker. Sehenswert ist besonders die noch erhaltene spätgotische Schablonenmalerei an der Decke des Kirchenschiffes.

Jeweils am letzten Sonntag im Mai und am 2. Adventsonntag findet an der Kemenate der Reinstädter Landmarkt statt.

www.reinstaedter-landmarkt.de

Kemenate Reinstädt

# MITTELTHÜRINGEN

Wer kennt ihn nicht, den erhabenen Anblick, der sich auf der Fahrt über die A 4 bei Erfurt bietet? Die „Drei Gleichen" links und rechts der Autobahn bilden ein imposantes Panorama! Doch auch abseits der Magistrale finden sich beeindruckende mittelalterliche Anlagen wie die Wasserburg Kapellendorf oder die Burg Weißensee.

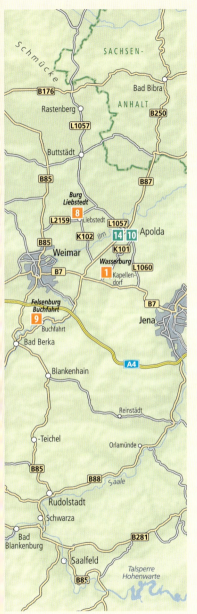

## BURGEN

## TIPPS FÜR ABSTECHER

## GASTRONOMIE UND ÜBERNACHTUNG

# WASSERBURG KAPELLENDORF

Von Erfurt sagte man, es sei das „Haupt in Türingen, und eine un-
der den größten Stätten in gantzem Teutschland, so auch ein gros-
ses Gebieth hat, daher die Bawren hierumb sagen, Erfurt ist kein
Statt, sondern auch ein Land." Und dieses Haupt war wehrhaft! Es
war Herr über Burgen in Vargula, Gebesee, Vippach, Stotternheim,
Vieselbach, Tonndorf, Mühldorf und Lauchröden, die die bedeutende Bischofs-, Handels- und Universitätsstadt und die Interessen
ihrer Kaufleute sicherte. Ab 1348 gehörte auch die Wasserburg Kapellendorf dazu. Der nun folgende erhebliche Ausbau zeigt die Bedeutung der Burg, die noch heute zu den größten derartigen Anlagen in Thüringen gehört und zu den besterhaltenen Wasserburgen
des Landes zählt.

Kernburg mit Kemenate und Küchenbau

## ANREISE

**Auto** Von der A 4 bei der Ausfahrt Apolda auf die B 87 in Richtung Bad Sulza/Mellingen abfahren. Von der B 87 auf die B 7 in Richtung Jena abbiegen. Nach 3 km nach links auf die Kapellendorfer Straße/K 101 zur Burg fahren.

Aus Jena kommend auf der B 7 in Richtung Weimar nach rechts auf die Kapellendorfer Straße/K 101 zur Burg fahren.

**ÖPNV** Eine Buslinie verbindet die Orte Weimar-Kromsdorf, Mellingen und Jena-Magdala miteinander und hält auch in Kapellendorf. Allerdings wird der Ort nur wochentags (dreimal täglich) angefahren.

**Fahrrad/Wandern** In Jena kreuzen die Routen der Thüringer Städtekette und des Saale-Radwegs. Nach Kapellendorf folgt man der Städtekette in Richtung Weimar bis Kleinschwabhausen. Dann über Hammerstedt und Frankendorf nach Kapellendorf fahren.

Vom Bahnhof Großschwabhausen (Bahnlinie Gera – Weimar) sind es 6 km bis Kapellendorf. Der Weg führt nach Norden über den Hohlstedter Weg nach Hohlstedt, dann über die B 7 weiter nach Kapellendorf.

## GASTRONOMIE UND ÜBERNACHTUNG

**Hotel am Schloß** Das 4-Sterne-Hotel in der nahen Stadt Apolda bietet Platz in über 100 mediterran eingerichteten Zimmern und Appartements. Sommerterrasse mit Blick auf das Apoldaer Schloss, Bar und Sauna sowie ein Restaurant mit Thüringer und mediterraner Küche. Jenaer Straße 2 • 99510 Apolda • Tel.: (0 36 44) 58 00 • www.hotel-apolda.de • Mo.–So. 6–10/11.30–14/18–22 Uhr    S. 48 **14**

**Café Hotel Hoyer** Das kleine, gemütliche Café im nahe gelegenen Rödigsdorf mit seinen hausgemachten Kuchenspezialitäten, der Thüringer Küche und dem hausgemachten Eis nach italienischem Originalrezept bietet auch 6 Zimmer an. Ilmenauer Straße 5 • 99510 Apolda/OT Rödigsdorf • Tel.: (0 36 46 2) 3 20 02 • www.cafe-hoyer.de • Mi.–So. 14–18 Uhr    S. 48 **10**

---

### WASSERBURG KAPELLENDORF

Am Burgplatz 1 • 99510 Kapellendorf • Tel.: (0 36 42 5) 2 24 85 • www.burg-kapellendorf.de • www.wasserburg-kapellendorf.de • www.thueringerschloesser.de/de/schloesser-burgen-gaerten/wasserburg-kapellendorf • Burggelände Mo.–So. 9–20 Uhr • Burgmuseum Di.–Fr. 9–12/13–17 Uhr, Sa./So. 10–12/13–17 Uhr

---

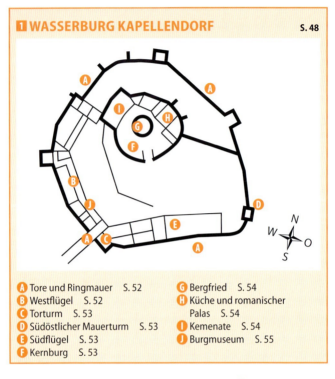

**1 WASSERBURG KAPELLENDORF** S. 48

A Tore und Ringmauer S. 52
B Westflügel S. 52
C Torturm S. 53
D Südöstlicher Mauerturm S. 53
E Südflügel S. 53
F Kernburg S. 53

G Bergfried S. 54
H Küche und romanischer Palas S. 54
I Kemenate S. 54
J Burgmuseum S. 55

## A TORE UND RINGMAUER S. 52

Eine steinerne Brücke führt an der Südspitze der Burg über den fast vollständig erhaltenen Graben. Die im Süden und Westen überbaute bzw. in die Gebäudeflügel integrierte äußere Ringmauer bildet ein verschobenes Fünfeck. An den Ecken sicherte zusätzlich jeweils ein Turm – zu den weniger gefährdeten Seiten lediglich Schalentürme – die angrenzenden Mauerabschnitte. Heute betritt man das Burginnere durch ein Rundbogentor mit Renaissanceeinfassung (16. Jh.).

## B WESTFLÜGEL S. 52

Die Torfahrt läuft durch den Westflügel aus ehemaligen Justiz- und Rentamt und dem sogenannten Prinzessinenhaus. Dieser im Vergleich mit der restlichen Anlage relative junge Bereich kann eine wechselvolle Geschichte aufweisen. Während der Phase der Erfurter Burgherrschaft stand hier das Kornhaus. Daneben befanden sich der Trakt der Gesindeküchen des 14. Jh. und die Schlaf- und Essräume der Dienstmannen. Im 19. Jh. nutzte die Universität Jena die Räume als „Irrenanstalt".

## C TORTURM S. 52

Neben der Zufahrt erhebt sich der sogenannte Torturm. Sein Name trügt, da er keinen unmittelbaren Bezug zum Tor besitzt. Der 7 x 8,5 Meter Grundfläche messende Turm stand ursprünglich frei im Verlauf der Ringmauer und wurde erst im 16. Jh. mit Gebäuden umbaut. Das Erd- und das erste Obergeschoss hatten direkten Zugang vom Hof. Die Rechteckfenster im ersten Obergeschoss wurden nachträglich in die 2,1 Meter starke Wand gebrochen. Zuvor fiel Tageslicht auch in dieses an der Ostseite mit einem Aborterker ausgestattete Stockwerk nur durch schmale Schlitzscharten. In die oberen Bereiche gelangte man über einen Zugang vom Wehrgang der Ringmauer. An der Spitzbogentür finden sich noch Konsolen einer kleinen Holzbrücke zwischen Turm und Ringmauer sowie die Führung für Sperrbalken zum Verriegeln der Pforte. Auch im dritten Geschoss sind nur Schlitzfenster eingelassen. Statt der heutigen Barockhaube bildete früher eine Wehrplattform mit den noch vorhandenen zwei äußeren Runderkern und Zinnen sowie einem den Umlauf freilassenden Spitzhelm den Abschluss.

## D SÜDÖSTLICHER MAUERTURM S. 52

An der Südostecke steht das etwas kleinere Pendant des Torturms. Der sogenannte Verliesturm hat eine Grundfläche von 6 x 7 Metern,

erhebt sich über sechs Geschosse und endet in einer Wehrplattform mit einem Erker. Ursprünglich war auch diese Bastion ein Halbschalenturm, dessen offene Seite jedoch nachträglich zugesetzt wurde. Im Untergeschoss befindet sich ein Verlies. Zu den darüberliegenden Geschossen führten die Zugänge von der Wehrmauer beziehungsweise vom Hof über Holzkonstruktionen, deren Kragsteine und Pforten noch vorhanden sind. Im fünften Geschoss bildet ein Aborterker den einzigen „Luxus" des Turms.

## E SÜDFLÜGEL S. 52

Zwischen Tor- und Verliesturm liegt der Wirtschaftsflügel der Burg. Die ehemalige Dreiteilung des Gebäudes ist gut erkennbar. In der Mitte ist der ursprüngliche Torturm. An der Außenfassade fällt das immer noch vorhandene, jedoch vermauerte Spitzbogentor ins Auge. Von ihm führte eine Zugbrücke zu einem im Graben vorgelagerten zweiten mehrstöckigen Torbau. Im westlichen Teil des Gebäudeflügels befanden sich Ställe.

## F KERNBURG S. 52

Im Burghof der jüngeren Anlage liegt die Kernburg. Der runde Komplex besitzt einen Durchmesser von etwa 32 Metern. Heute umgrenzen ihn noch Reste der Ringmauer mit Wall. Bei einer Mauerstärke von 1,8 Metern war sie einst wohl 6 Meter hoch und mit Zinnen bekrönt. Die romanische Rundburg war ursprünglich zusätzlich mit zwei Wassergräben und einem dazwischenliegenden palisadenverstärkten Wall gesichert.

### ❻ BERGFRIED S. 52

In der Mitte der Kernburg stand der runde Bergfried. Die Reste der Grundmauern besitzen einen Durchmesser von 10,30 Metern und beeindruckende 3,2 Meter Mauerstärke. Ein Vergleich mit ähnlichen Bauten auf Burgen der Region legt nahe, dass er sich wohl 25 bis 30 Meter erhob. Die Buckelquader mit Bossen und Randschlag verweisen auf eine Bauzeit zwischen 1120 und 1200.

Südöstlicher Mauerturm

### ❼ KÜCHE UND ROMANISCHER PALAS S. 52

Hinter dem Bergfriedstumpf ragt der frei stehende Rauchfang der Hofküche in die Höhe. Die darunterliegende 4 x 5 Meter große Feuerstelle diente dem Bekochen der Bewohner der zeitgleich errichteten Kemenate. Die Gesindeküche lag in der Vorburg. Die Küche nutzte die Räume des angrenzenden romanischen Palas als Wirtschafsbereich. Die Reste des Prunkbaus der Burg des 11./12 Jh. erstreckten sich auf einer Fläche von 8,5 x 20 Metern zwischen Küche und Ringmauer.

### ❽ KEMENATE S. 52

Heute dominiert die hochmittelalterliche Kemenate den inneren Burgbereich. In den Zeiten der romanischen Burganlage lagen an ihrer Stelle wahrscheinlich die Burgküche und die Räume des Dienstadels. Für die Ansprüche der neuen Burgherren wurden diese ebenso wie Teile der Ringmauer abgebrochen, so dass der geräumige Breitwohnturm zur Hälfte im Hof der Kernburg und zum anderen Teil über einem Stück verfüllten Graben errichtet werden konnte. Die Mauern des 11 x 18 Meter Grundfläche messenden Baus verjüngen sich von einer unteren Stärke von 2,10 Metern auf 1,5 Meter in der oberen Etage. Die beiden unteren der fünf Geschosse dienten als Harnischhaus, also als Rüst- und Waffenkammer. Darüber lag der Wohnbereich, gefolgt vom Saal mit großen Kreuzstockfenstern mit Sitznischen im vierten Geschoss. Vom Saalgeschoss bestand Zugang zum Wehrgang mit Erkern. Beim Obergeschoss handelte es sich wohl um einen weiteren Wohnbereich. Hierfür sprechen der Erker an Ostseite und die Reste eines Kamins.

## ❶ BURGMUSEUM S. 52

Das Museum zeigt eine Ausstellung zur Geschichte Thüringer Burgen, speziell der Wasserburg Kapellendorf. Außerdem werden Sonderausstellungen präsentiert und vielfältige Veranstaltungen durchgeführt.

### KURZE GESCHICHTE DER BURG

Der Ort Kapellendorf wird bereits sehr früh erwähnt. 833 ist von ihm in einer Schenkungsurkunde des Klosters Fulda die Rede. Die Burg lässt sich erst im 12. Jh. nachweisen. Auch hier spielt eine Schenkung eine Rolle, die neben anderen ein Theoderico de Capellendorf bezeugte. Er stammte aus der Familie der Burggrafen von Kirchberg, die unweit von Jena ansässig waren. 1348 mussten die Kirchberger die Burg aus finanziellen Zwängen an die Stadt Erfurt verkaufen. Rund hundert Jahre später setzen die Erfurter den Ritter Apel Vitzthum von Roßla auf Burg und Amt Kapellendorf. Für 21 Jahre soll ihm wiederkäuflich durch die Stadt der Besitz gehören; im Gegenzug sollten die Vitzthume die Gegend für die Erfurter Kaufleute sichern. Stattdessen machten die Brüder Vitzthum als Raubritter von sich reden und überfielen Dörfer und Reisende. 1451 überspannten sie den Bogen endgültig, als sie eine burgundische Gesandtschaft auf dem Weg zum sächsischen Kurfürsten festsetzten. Nun gingen die sächsischen Herzöge mit Unterstützung einiger thüringischer Adliger und der Städte Erfurt, Sangerhausen, Mühlhausen und Nordhausen gegen die Vitzthume vor. Nach achtwöchiger Belagerung fiel die Wasserburg und kam 1452 wieder in Erfurter Besitz, in dem sie bis zum Ende des Jahrhunderts verblieb. Dann musste die Stadt sich aus finanzieller Not von der Burg trennen und verpfändete sie an Kurfürst Friedrich den Weisen und Herzog Johann von Sachsen. Damit begann, begleitet von mehreren schweren Bränden und Umgestaltungen, der Bedeutungsverlust der Anlage. 1542 zog noch einmal ein großes Heer vor die Burg – im Schmalkaldischen Krieg belagert Moritz von Sachsen erfolglos Kapellendorf. Ein letztes Mal fiel das Schlaglicht der Geschichte auf die Burg, als im Oktober 1806 der Fürst zu Hohenlohe-Ingelfingen hier sein Hauptquartier einrichtete. Er führt als Oberbefehlshaber einen Teil der preußischen Armee in die verhängnisvolle Doppelschlacht von Jena und Auerstedt. Lange Zeit wurde die Burg als Justiz- und Rentamt des Herzogtums Sachsen-Weimar genutzt. Zwischen 1866 und 1879 unterhielt die Universität Jena hier eine „Irrenanstalt". Nach dem ersten Weltkrieg, 1919/20, kehrte wieder Militär in die festen Mauern der Wasserburg ein. Die hier einquartierten Reichswehrsoldaten hausten rücksichtslos in der Burg und verließen sie in üblen Zustand. 1929 wieder im Besitz der Stadt Erfurt, zählt sie seit 1998 zu den Liegenschaften der Stiftung Thüringer Schlösser und Gärten.

# BURG WEISSENSEE

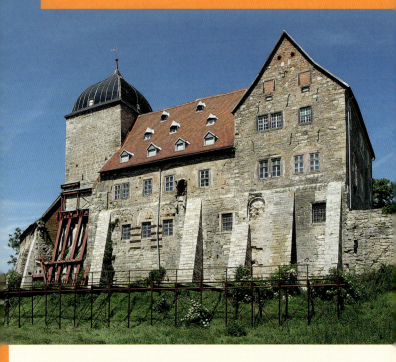

Wie eine Insel überragt die Burg Weißensee – später erhielt sie auch den Namen Runneburg – die Landschaft, und auch die Stadt Weißensee erhebt sich deutlich über dem Umland. Wie kaum ein anderer Platz im nördlichen Bereich des Thüringer Beckens scheint der Ort für den Bau einer Burg und die Anlage einer Stadt geeignet. Zudem befindet man sich etwa auf halbem Weg zwischen der Wartburg und der Neuenburg oberhalb von Freyburg an der Unstrut, den wichtigsten Burgen der Thüringer Landgrafen. Trotz zahlreicher Veränderungen besticht das Ergebnis durch seine Bauqualität. Die Burg Weißensee gilt als einer der am besten erhaltenen romanischen Profanbauten in Deutschland.

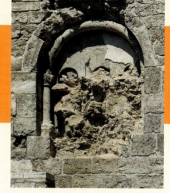

Vermauertes Arkadenfenster des Palas

## ANREISE

**Auto** Die A 71 bei der Ausfahrt Sömmerda/Kölleda verlassen und über B 176 durch Sömmerda in Richtung Weißensee fahren.
Aus nördlicher Richtung die B 4 oder B 85 nehmen und auf die B 86 nach Weißensee abbiegen.

**ÖPNV** Die nächstgelegenen Bahnhöfe sind Greußen und Sömmerda, beide weniger als 10 km von Weißensee entfernt. Von hier verkehren Busse (www.linienverkehr.de).

**Fahrrad/Wandern** Acht Kilometer südöstlich von Weißensee trifft bei Sömmerda der aus Weimar kommende Laura- auf den Unstrut-Radweg. Der in Ost-West-Richtung verlaufende Unstrut-Radweg folgt dem Flusslauf auf etwa 190 km von der Quelle im Eichsfeld bei Kefferhausen bis in das südliche Sachsen-Anhalt zur Mündung in die Saale bei Naumburg (www.unstrutradweg.de).

## GASTRONOMIE UND ÜBERNACHTUNG

**Columbus Steakhaus Michelshöhe** Das Ende 2012 eröffnete Restaurant bietet ein internationales Steak- und Fleischangebot mit leckeren Salaten und hochwertigen Gewürzen. Im hauseigenen Shop können die verwendeten Zutaten auch erworben werden. Sömmerdaer Straße 50 • 99631 Weißensee • Tel.: (0 36 34) 61 26 24 • www.columbus-steakhaus. de • Di.–Fr. 17–24 Uhr, Sa. 17–1 Uhr, So. 11.30–22 Uhr   S. 48 **12**

**Hotel & Restaurant „Promenadenhof"** Das Hotel in ruhiger Lage ist aus einem alten Bauerngehöft entstanden. Die 21 Zimmer inkl. der Hochzeitssuite sowie die 4 Ferienwohnungen besitzen ländlichen Charme. Das aus einer restaurierten Scheune hervorgegangene Restaurant bietet traditionelle sowie internationale Küche. Promenade 16 • 99631 Weißensee • Tel.: (0 36 74) 22 20 • www.pro menadenhof.de • Mo.–Fr. 17–24 Uhr S. 48 **16**

### BURG WEISSENSEE

Runneburg 1 • 99631 Weißensee • Tel.: (0 36 74) 3 62 00
Förderkreis mittelalterliches Erbe Weißensee e. V. • Marktplatz 26 • 99361 Weißensee • Tel.: (0 36 74) 2 20 35 • www.thueringerschloes ser.de/de/schloesser-burgen-ga erten/burg-weissensee-runne burg • Burggelände frei zugänglich, Führungen an Wochenenden Mai–Sept.

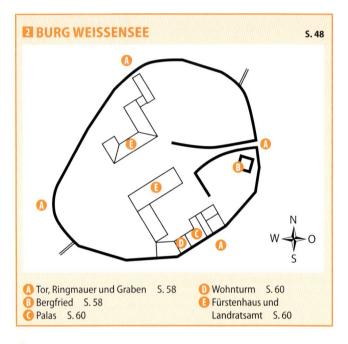

N
W ← → O
S

## A TOR, RINGMAUER UND GRABEN　　S. 58

Der Weg in die Burg führt durch das stadtseitige Kammertor des 13. Jh. Der obere Teil des ehemals mehrgeschossigen Torturms wurde 1809 zurückgebaut. Seine Mauern tragen noch Spuren des ursprünglichen Bauschmuckes mit Lisenen und Friesen. Hinter dem äußeren Torbogen diente ein Fallgitter dem schnellen und festen Verschließen des Eingangs. Die Öffnung hierfür ist im Tonnengewölbe der Decke noch erhalten. Das Tor ist die einzige Zufahrt zum rund 1,5 Hektar großen Burggelände.

Die alles umfassende Ringmauer der Burg stammt aus einer Zeit noch vor 1200. Dem Burgwall, der die Mauer trägt, wurde zur zusätzlichen Sicherung ein umlaufender, bis zu fünfzehn Meter breiter und vier Meter tiefer Sohlgraben vorgesetzt.

## B BERGFRIED　　S. 58

Südlich des Burgtores wurden bei archäologischen Untersuchungen die Reste eines Turmes und kleinerer romanischer Gebäude entdeckt. Der Turm fußte auf quadratischem Grundriss mit einer Seitenlänge von rund zehn Metern. Das Mauerwerk von dreieinhalb

▶ Hoffront des Palas

Metern Mächtigkeit und die Lage zur Mauer legen nahe, dass der Turm als Streitturm und Bergfried genutzt wurde.

## ⦿ PALAS                    S. 58

Im Süden der Anlage erhebt sich ein hochmittelalterliches Gebäudeensemble, das den einstigen Glanz der romanischen Landgrafenburg noch sehr gut erkennen lässt. Der Komplex besteht aus dem romanischen Palas und dem unmittelbar angrenzenden Wohnturm, deren Baubeginn sich um das Jahr 1170 datieren lässt. Beeindruckend ist die Mauerwerksqualität, die ein greifbares Zeugnis der Baukunst während der ludowingischen Landgrafenzeit darstellt. Während der romanische Formenreichtum an der hofseitigen Nordwestfassade nur zum Teil erkennbar ist, offenbart sich dessen Qualität besonders beim Anblick der südlichen Außenfassade des Palas. Im ersten und zweiten Obergeschoss fallen hier Gruppen oder Reihen großer Triforien (dreigliedriger Fenster) auf. Sie gliedern die Front rhythmisch, strukturieren und öffnen die feldseitige Mauerfront. Im zweiten Obergeschoss bilden sieben rundbogige Fenster eine Arkatur und lassen den dahinterliegenden Raum als großen, lichtdurchfluteten Festsaal vermuten. Er nahm die Gesamtfläche der Etage mit einer Ausdehnung von 10 x 25 Metern ein. Im Palasinneren faszinieren qualitätvolle

Zeugnisse romanischer Steinmetzkunst. Neben der in ihrer Art nördlich der Alpen einzigartigen „Astsäule" und einer Säule aus belgischem schwarzem Kohlekalk gehören hierzu überaus reich dekorierte Kapitelle, die Ähnlichkeiten zum Bauschmuck der Wartburg und der Neuenburg zeigen. Dicht vor der Hoffront des Palas lag ein später verfüllter Brunnen. Hier wurden bei Ausgrabungen in 27 Metern Tiefe zahlreiche hölzerne und lederne Alltagsgegenstände aus der ersten Hälfte des 13. Jh. gefunden.

## ⦿ WOHNTURM              S. 58

Im Westen des Palas schließt sich, mit Mauern von 3,6 Metern Dicke, ein sehr wehrhafter Wohnturm an. Ursprünglich überragte der Turm das danebenliegende Palasgebäude deutlich. Seine oberen Geschosse wurden jedoch Mitte des 18. Jh. abgetragen. Seine romanische Treppenanlage sowie die Säulen und Kapitelle im Erdgeschoss überdauerten die Jahrhunderte. Nördlich grenzte an den Turm ein kemenatenartiger Bau der Zeit um 1200. Das nur in Teilen erfasste Gebäude von enormer Größe besaß im Kellerbereich eine Steinofenluftheizung, welche Fußboden und Wände des darüberliegenden Wohnbaus erwärmte.

## ⦿ FÜRSTENHAUS UND LANDRATSAMT    S. 58

Nördlich von Palas und Wohnturm liegt der L-förmige Gebäuderiegel des „Fürstenhauses", bestehend aus Torhaus, Wagenhaus und dem Marstall im Osten. Er entstand im schlichten Fachwerkstil, als die Herzöge von Sachsen-Weißenfels 1738 die Anlage zu ihrem Jagdschloss ausbauten. Im nordöstlichen Bereich des Gebäudes liegen die Reste des romanischen Tores zur Kernburg. Im Norden des Burgrings steht ein weiterer Gebäudekomplex. Dieser jüngste Bau auf der Burghoffläche ist das ehemalige Landratsamt des von 1816 bis 1950 bestehenden preußischen Landkreises Weißensee.

## KURZE GESCHICHTE DER BURG

Nach einer Legende hat die Landgräfin Jutta den Bau der Burg veranlasst. Dahinter stand wohl die Absicht, sich das Wohlwollen Kaiser Friedrich Barbarossas, des Halbbruders der Landgräfin, für den Burgbau zu sichern. Im Jahr 1168 soll der Baubeginn an der Burg Weißensee liegen. Ob dies den Tatsachen entspricht, ist nicht gesichert, jedoch verweisen die Befunde der Bauforschung auf eine Entstehung der Burg in der zweiten Hälfte des 12. Jh. Der Standort der neuen landgräflichen Anlage lag nämlich auf zum Herrschaftsgebiet der Grafen von Beichlingen gehörenden Territorium. 1174 wurde die Burg erstmals schriftlich erwähnt. Sechs Jahre später trafen unweit der Burg zwei mächtige Heere – das des Welfenherzogs Heinrichs des Löwen und die kaiserlichen Truppen unter Führung des Landgrafen Ludwigs III. – aufeinander. Die Folgen für die Ludowinger waren katastrophal – Ludwig III. und sein Bruder Hermann wurden von Heinrich gefangen genommen und anderthalb Jahre in Haft gehalten.

1204 und 1212 stand die Burg selbst im Zentrum heftiger Kämpfe. Zunächst belagerte Philipp von Schwaben Weißensee, acht Jahre später zog Kaiser Otto IV. vor die Burg und versuchte mit einer schweren Steinschleuder, dem Tribok, ihre Mauern zu brechen – allerdings ohne Erfolg.

Aber auch in Friedenszeiten war die Burg von Bedeutung. 1225 fand hier ein Hoftag statt. Ludwig IV., der Gatte der hl. Elisabeth, nutzte Weißensee noch einmal als thüringisches Herrschaftszentrum. Als mit dem Tod Heinrich Raspes 1247 das Geschlecht der Ludowinger erlosch, fiel die Burg Weißensee an die Wettiner. Zwischen 1379 und 1440 nutzen sie die imposante und prächtige Anlage noch häufig als Aufenthaltsort. Danach verlor die Burg zunehmend an Beachtung und wurde in der Folgezeit mehrfach stark baulich verändert. Im 16. Jh. ließ Kurfürst August von Sachsen die Burg zu einem Renaissanceschloss umformen. Den Herzögen von Sachen-Weißenfels diente die von ihnen Mitte des 18. Jh. zum Jagdschloss ausgebaute Anlage häufig für Entenjagden und zur Veranstaltung opulenter Herbstfeste.

Nach der Wende 1989/90 bis 2009 engagierte sich der Runneburgverein Weißensee/Thür. e. V. für die Burg, nunmehr wird sie vollständig durch die Stiftung Thüringer Schlösser und Gärten betreut.

# BURG GLEICHEN

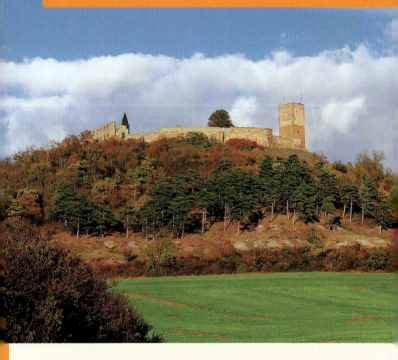

Was für ein Anblick, gleich aus welcher Richtung man auf der A 4 zwischen Erfurt und Waltershausen unterwegs ist, die Drei Gleichen – drei Burgen auf weithin sichtbaren Bergkuppen errichtet, bestimmen das Landschaftsbild am Nordrand des Thüringer Waldes. Und welch ein Anblick muss das gewesen sein, der angeblich zum Namen der Burgengruppe führte. Der Sage nach wurden am 31. Mai 1231 alle drei Burgen gleichzeitig durch einen Kugelblitz in Brand gesetzt. Die Feuer leuchteten lichterloh und waren in einem großen Umkreis zu sehen. Die Burg Gleichen ist zwar nur als Ruine erhalten, aber das noch vorhandene Mauerwerk lässt recht gut die ursprüngliche Größe der Burg und ihre Baustruktur erkennen.

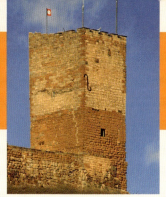
Bergfried an der Südostecke der Burg

## ANREISE

**Auto** Mit dem Auto sind die Drei Glei-chen leicht zu erreichen. Sie liegen unmittelbar an der A 4 bei der Aus-fahrt Wandersleben.

**ÖPNV** Wandersleben besitzt einen Haltepunkt an der Strecke zwischen Erfurt und Gotha. Vom Bahnhof sind es 3,5 km über die Mühlberger Stra-ße und den Graf-Gleichen-Weg bis zur Burg Gleichen.

**Fahrrad/Wandern** Die Burgen liegen auf der Route der Thüringer Städte-kette zwischen Erfurt und Gotha. Von Nord nach Süd führt der Gera-Rad-wanderweg entlang des Flüsschens vom Thüringer Wald am Rennsteig über Arnstadt und Erfurt nach Gebe-see an der Unstrut. In Arnstadt oder Ichtershausen verlässt man den Gera-Radwanderweg in Richtung Haarhau-sen/Mühlberg, nun sind es ca. 12 km (www.geraradweg.de).

## GASTRONOMIE UND ÜBERNACHTUNG

**Hotel & Restaurant „Taubennest"** Der Bau des Gutes geht auf das Jahr 1000 zurück. Gut Ringhofen ist da-mit einer der ältesten Höfe Thürin-gens und eng verbunden mit der Entstehung der Burg Gleichen. Die 15 Zimmer (inkl. 4 Suiten) sowie das Restaurant haben mittelalterliches und zugleich modernes Flair. Cam-pinganlage, Reiterhof und Golfplatz sind an das Gut angeschlossen. Gut Ringhofen • 99869 Mühlberg • Tel.: (03 62 56) 3 33 78 • www.hotel-tauben nest.de • Restaurant: Mo.–So. 7–22 Uhr S. 48 **17**

**Hotel Wandersleben** Unter den 21 Zimmern sind auch einige Themen-suiten zu beziehen, so z. B. die Grafen-Suite mit Steinbett und die Dinosau-rier-Suiten. Ab 15 Teilnehmern bietet das Hotel ein „Räuberessen" an, bei dem die Gäste mit mittelalterlichen Spezialitäten verwöhnt werden. Mühl-berger Straße 12 • 99869 Drei Glei-chen/OT Wandersleben • Tel.: (03 62 02) 8 23 75 • www.comtel-hotel.de S. 48 **15**

---

### BURG GLEICHEN

99869 Wandersleben • Tel.: (03 62 02) 8 24 40 • www.thueringer schloesser.de/de/schloesser-bur gen-gaerten/burgruine-gleichen • www.drei-gleichen.de • Jan./ Feb. Sa./So. 10–17 Uhr, März/ Nov./Dez. Mo.–So. 9–17 Uhr, April–Okt. Mo.–So. 9–18 Uhr • Burgmuseum: April–Okt. Mo.–So. 10–18 Uhr

---

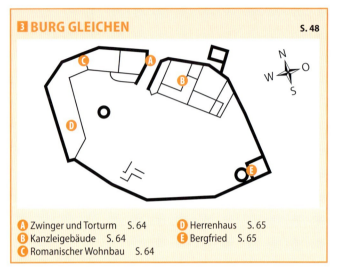

## Ⓐ ZWINGER UND TORTURM S. 64

Der Burgweg umrundet den Bergkegel hinauf zur Ruine. Der Zugang liegt im Norden der Burg. Zunächst passiert man die Reste des äußeren Tores, dem eine Zugbrücke vorgelagert war. Dahinter folgt eine in geringen Teilen erhaltener Torzwinger. Von hier gelangt man über eine zangenartige Mauerflucht in der Mitte des nordwestlichen Berings zur Durchfahrt des romanischen Torturms. Das Mauerwerk des unteren Turmgeschosses aus der Mitte des 12. Jh. zählt zum ältesten erhaltenen Baubestand der Burg. Über der Durchfahrt lag ein in seiner Achse leicht nach Osten gedrehter etwas jüngerer Aufbau, der die Burgkapelle beherbergte und an seiner Ostfassade einen Apsiserker besaß.

## Ⓑ KANZLEIGEBÄUDE S. 64

Südöstlich schließt das um 1535 errichtete Gebäude der „Gräflichen Cantzeley, Küche und Kellerey" an. Der unmittelbar neben der Kapelle liegende schmale Raum könnte das in mehreren Quellen erwähnte Archivgewölbe sein. Die Außenmauern des Kanzleibaus schmücken spätgotische Vorhangbogenfenster.

## Ⓒ ROMANISCHER WOHNBAU S. 64

Nördlich des Torgebäudes liegt der dreigeschossige, romanische Wohnbau, der teilweise auch als Palas bezeichnet wird. Die unteren zwei Geschosse des Gebäudes konnten auf eine Bauzeit um 1150 datiert werden. Das obere Stockwerk wurde nach einem Brand 1231 mit Travertinquadern errichtet und ersetzte einen früheren Fachwerkaufbau. Die Räume des Obergeschosses zeigen noch die Reste der Kamine, die dem Heizen des romanischen Hauptgebäudes dienten. Kragsteine im Traufbereich der Längsseite trugen früher Regenrinnen, von denen das Wasser zur Filterzisterne geleitet wurde.

## ❶ HERRENHAUS    S. 64

An den romanischen Wohnbau schließt sich als Westflügel der Anlage das lang gestreckte zweigeschossige Herrenhaus an. Es wurde 1588 als „Neuer Schlossbau" für Graf Philipp Ernst und seine Gattin Anna Agnes erbaut. Aus dieser Bauphase stammt die ursprünglich als Brunnen geplante 7 Meter tiefe Zisterne im Burghof. Im Südosten des Herrenhauses stehen noch Mauerwerksteile des Küchenhauses mit Kamin, Steinofen und tonnengewölbtem Keller.

## ❷ BERGFRIED    S. 64

In der Südostecke der Burg ragt der über quadratischem Grundriss mit neun Meter Seitenlänge errichtete Bergfried auf. Das Bossenmauerwerk im unteren Bereich des Turmes stammt aus einer Bauphase um die Mitte des 12. Jh. und besitzt eine Wandstärke von mehr als zwei Metern. In Inneren befindet sich an der Südseite eine vermauerte Tür mit untypisch nach innen weisendem Tympanon. Deutliche Brandspuren geben einen Hinweis auf den Grund der Bauveränderung auf etwa 10 Metern Höhe. So wurde etwa ein Jahrhundert nach dem Bau des Sockels der mittlere Abschnitt erneuert. Ein interessantes Detail ist die bauzeitliche Fugenritzung. Der obere Teil des Turms stammt aus dem 14. Jh. Direkt neben dem Bergfried sind die Fundamente eines Rundturmes gesichert worden, dessen Funktion jedoch nicht eindeutig geklärt werden konnte.

### KURZE GESCHICHTE DER BURG

Scherbenfunde aus dem 7./8. Jh. belegen eine Nutzung der Burgstätte schon in fränkischer Zeit. Die ersten schriftlichen Nachrichten der Burg stammen aus dem 11. Jh. Für das Jahr 1088 ist eine Belagerung der Burg durch Kaiser Heinrich IV. in seinem Kampf gegen die aufständischen Thüringer und Sachsen erwähnt. Um 1130 waren die Erzbischöfe Mainz Besitzer der Anlage, mit der sie die Hohe Straße von Eisenach nach Erfurt beherrschten. Die Mainzer Burgherren wiederum übertrugen ihren Besitz an die Grafen von Gleichen-Tonna. Die Grafen von Gleichen nutzten die Burg als Herrschaftssitz und bauten diese aus. Ende des 16. Jh. verlegten sie ihre Residenz auf das Schloss Ehrenstein bei Ohrdruf. Nun folgte ein häufiger Besitzerwechsel und seit der Mitte des 18. Jh. zunehmender Verfall der Burg. Erst um 1897 begann eine schrittweise Sicherung der Burgruine. Als 1934 die Stadt Erfurt die Anlage übernahm, wurden die Erhaltungsarbeiten intensiviert. Seit 1998 ist die Stiftung Thüringer Schlösser und Gärten Eigentümer.

# MÜHLBURG

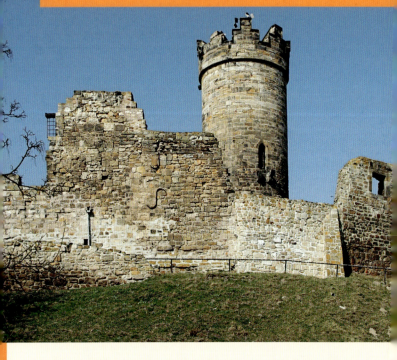

Die Burg Mühlberg oder kurz Mühlburg ist die früheste schriftliche Erwähnung findende thüringische Burg. Schon 704 wird sie erstmalig urkundlich genannt. Die Ruine der Mühlburg mit ihrem nahezu intakten runden Bergfried liegt auf dem Sporn eines lang gestreckten Bergrückens, den mehrere tief eingeschnittene Gräben und Wälle im Vorfeld der Burg strukturieren. Im höchsten Bereich des Bergrückens finden sich die Wallreste einer Vorgängeranlage, der Numburg, bei der es sich wohl um die frühmittelalterliche Anlage der Ersterwähnung handelt. Der Name Mühlberg bezieht sich höchstwahrscheinlich auf Wassermühlen, die sich im südwestlichen Bereich der Ortslage befanden.

Kernburg mit Bergfried

## ANREISE

**Auto** Mit dem Auto sind die Drei Gleichen leicht zu erreichen. Sie liegen unmittelbar an der A 4 bei der Ausfahrt Wandersleben.

**ÖPNV** Wandersleben besitzt einen Haltepunkt an der Strecke zwischen Erfurt und Gotha. Vom Bahnhof sind es knapp 6 km entlang der Mühlberger Straße zur Mühlburg.

**Fahrrad/Wandern** Die Burgen liegen auf der Route der Thüringer Städtekette zwischen Erfurt und Gotha. Von Nord nach Süd führt der Gera-Radwanderweg, der entlang des Flüsschens vom Thüringer Wald am Rennsteig über Arnstadt und Erfurt nach Gebesee an der Unstrut. In Arnstadt oder Ichtershausen verlässt man den Gera-Radwanderweg in Richtung Haarhausen/Mühlberg, nun sind es ca. 12 km (www.geraradweg.de).

## GASTRONOMIE UND ÜBERNACHTUNG

**Pension „Schützenhof"** Gästen, die eines der 13 Zimmer in der Pension beziehen, stehen ein Schönheitssalon, der Reiterhof und der nahe gelegene Golfplatz zur Verfügung. Das Restaurant wartet mit Thüringer Spezialitäten und einer gut sortierten Hausbar auf. Burgstraße 5 • 99869 Mühlberg • Tel.: (03 62 56) 8 50 00 • www.pension-schuetzenhof.de S. 48 **20**

**Campingplatz Mühlberg** Der Campingplatz mit Blick auf die Burg bietet 120 Stellplätze für Zelte, Wohnmobile und 30 für Dauercamper. Strom- und Wasserversorgung, Kabelanschluss, Kinderspielplatz, Kiosk sowie behindertengerechte Sanitäranlagen. Nah zum Reiterhof und Golfplatz. Ganzjährig geöffnet. Am Gut Ringhofen • 99869 Mühlberg • Tel.: (03 62 56) 2 27 15 • www.campingplatz-muehlberg. de S. 48 **11**

---

### MÜHLBURG

Markt 15 • 99869 Mühlberg • Tel.: (03 62 56) 22 84 • www.drei-glei chen.de • März–Okt. Mo.–Fr. 10–17 Uhr, Sa./So. 10–18 Uhr

---

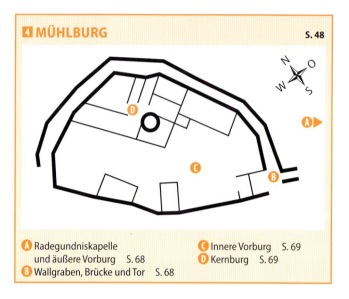

## A RADEGUNDNIS-KAPELLE UND ÄUSSERE VORBURG S. 68

Die Mühlburg ist in mehrfacher Hinsicht bemerkenswert. Schon beim steil ansteigenden Weg zu der weithin sichtbaren Gipfelburg trifft man noch in einem plateauförmigen Vorburggelände auf die Grundmauern der vermutlich aus dem 12. Jh. stammenden Radegundniskapelle. Das Patrozinium der heilig gesprochenen thüringischen Prinzessin und späteren fränkischen Königin Radigundis ist in Mitteldeutschland extrem selten und nur noch für eine zweite Kirche bekannt. Unter dem Saalbau mit eingezogenem Chor und Apsis, von dem heute nur noch die ergrabenen Grundmauern erhalten sind, konnten Spuren eines noch älteren Gebäudes nachgewiesen werden.

## B WALLGRABEN, BRÜCKE UND TOR S. 68

Von der äußeren Vorburg mit den Grundmauern der Radigundiskapelle führt der Weg zur Burg zunächst zu einem beeindruckenden Wallgrabensystem. Ein tief eingeschnittener Kehlgraben schützte die dahinter errichtete Hauptburg wohl wirkungsvoll gegen Sturmangriffe und Belagerungswerk. Eine dreifachgewölbte Brücke, ursprünglich mit einem Zugbrückenjoch versehen, führt zu den Resten des Torturmes, der im Osten an den von einer Doppelmauer gebildeten Zwinger anschließt. Rechnungen belegen, dass 1358 der Graben ausgehoben und Anfang des 15. Jh. vertieft wurde, kurz zuvor war die Zugbrücke über den Graben gebaut und der Torturm mit einem neuen Obergeschoss versehen worden. Für diese Zeit findet sich auch die Rechnung für das Errichten der zwei den Zwinger bildenden steinernen Ringmauern.

### C INNERE VORBURG S. 68

In nordwestlicher Richtung öffnet sich der geräumige Hof der vom Mauerbering geschützten Vorburg. Am westlichen Rand der inneren Ringmauer sind Reste des aufgehenden Mauerwerkes mehrerer Wirtschaftsgebäude zu erkennen. Gegenüber dieser Gebäudegruppe, fast in der Mitte des Hofes, befindet sich eine Brunnenfassung.

### D KERNBURG S. 68

Die Kernburg nimmt den nordöstlichen Bereich der Burg ein. Den Zugang zu ihrem Hof bildet eine spitzbogige Pforte, unmittelbar neben ihr erhebt sich auf dem höchsten Punkt des Sporns der Bergfried. Der untere Teil des runden Turms (Ø 6,6 m) stammt noch aus der Zeit um 1200, der ersten Bauphase der Burg. Aus der Mitte des 14. Jh. stammt der obere Teil des Bergfrieds, dessen markanter Zinnenkranz im 19. Jh. erneuert wurde. Um den Burgturm sind im Osten die im Grundriss erhaltene querrechteckige Kemenate mit daran anschließendem Backhaus und Küchengebäude erhalten. Westlich des Bergfrieds markieren die restlichen Mauerzüge die Lage des sogenannten Herren- oder Ritterhauses.

### KURZE GESCHICHTE DER BURG

Am Anfang des 8. Jh. wird zum ersten Mal vom „castello Mulenberge" berichtet, in welchem der thüringische Herzog Heden II. dem Missionar Bischof Willibrod von Utrecht drei Höfe und weiteren Besitz in anderen Gebieten schenkt. Die Burg kam um 1130 in den Besitz der Erzbischöfe von Mainz, die dadurch mit der Burg Gleichen die Fernverbindung zwischen Erfurt und Frankfurt am Main wirkungsvoll kontrollieren konnten. Als mainzisches Lehen verwaltete ein Geschlecht von Edelfreien mit dem Leitnamen Meinhard die Burg, die sich ab Mitte des 12. Jh. als Grafen von Mühlburg bezeichnen. Das Geschlecht starb 1242 aus und es folgte eine Zeit mehrfach wechselnder Besitzverhältnisse. Zur Mitte des 14. Jh. erwarb die Stadt Erfurt die Bergveste. Zuvor (1310) hatte die Stadt sie erfolglos belagert. Die Erfurter bauten die Burg zur Sicherung ihrer Handelswege massiv aus. 1590 fiel das Amt Mühlberg an Sachsen-Weimar und zwei Jahre später erwarb der Herzog auch die Burg. Noch einmal, 1665, kam die Burg an Mainz, bevor sie zu Beginn des 19. Jh. preußisch wurde. Um 1850 erfolgten Sicherungs- und Erhaltungsarbeiten an der stark verfallenen Anlage, so dass der ursprüngliche Zustand der Burg noch annähernd zu erkennen ist. Anfang der 1970er Jahre begannen Mühlberger Bürger allmählich, die Burg erneut instand zu setzen. Die Burg gehört heute der Gemeinde Mühlberg.

# VESTE WACHSENBURG

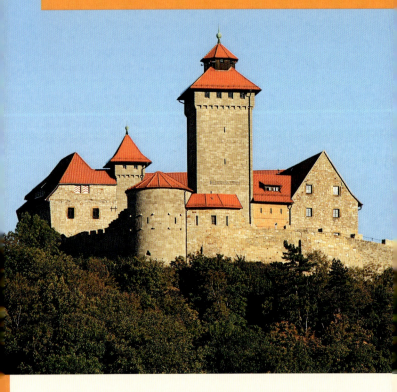

Die dritte der „Gleichen", die heute als Hotel genutzte Wachsenburg, vermittelt zunächst den Eindruck der am besten erhaltenen
Burg. Doch bei genauer Betrachtung wird deutlich, dass es sich
hier eher um eine neuzeitliche „Pseudoburg" handelt, die ihre heutige Baugestalt vor allem durch massive Erneuerungen, Um- und
Ausbauten während des frühen 20. Jh. erhielt. Je mehr man sich in
der auf dem rund 420 Meter hohen Wassenberg errichteten Anlage
umsieht, umso klarer treten die idealisierten Formvorstellungen
einer mittelalterlichen Burg hervor.

Innenhof

## ANREISE

**Auto** Mit dem Auto sind die Drei Gleichen leicht zu erreichen. Sie liegen unmittelbar an der A 4 bei der Ausfahrt Wandersleben.

**ÖPNV** Mit der Bahn nach Haarhausen an der Strecke zwischen Erfurt und Meiningen. Von dort zu Fuß über Holzhausen ca. 3,5 km.

**Fahrrad/Wandern** Die Burgen liegen auf der Route der Thüringer Städtekette zwischen Erfurt und Gotha. Von Nord nach Süd führt der Gera-Radwanderweg entlang des Flüsschens vom Thüringer Wald am Rennsteig über Arnstadt und Erfurt nach Gebesee an der Unstrut. In Arnstadt oder Ichtershausen verlässt man den Gera-Radwanderweg in Richtung Haarhausen/Mühlberg, nun sind es ca. 12 Kilometer (www.geraradweg.de).

## GASTRONOMIE UND ÜBERNACHTUNG

**Hotel & Restaurant Veste Wachsenburg** Das Hotel verfügt über 16 individuell eingerichtete Zimmer. Ein Großteil sind Nichtraucherzimmer. Das Hauptrestaurant „Burgverlies" ist in einem Gewölbe im gotischen Stil untergebracht. Es bietet anspruchsvollere regionale Küche. Im Sommer wird auch der Burghof gastronomisch betreut. 99310 Holzhausen/Wbg. • Tel.: (0 36 28) 7 42 40 •

www.veste-wachsenburg.de • Restaurant: Mi.–Sa. 11–21 Uhr, So. 11–17 Uhr    S. 48 **18**

> **VESTE WACHSENBURG**
> 99310 Holzhausen/Wbg. Tel.: (0 36 28) 7 42 40 • www.wachsenburg.com • www.drei-gleichen.de • Mo.–Sa. 11–20 Uhr, So. 11–17 Uhr • Burgmuseum: Führungen auf Anfrage

## 5 VESTE WACHSENBURG  S. 48

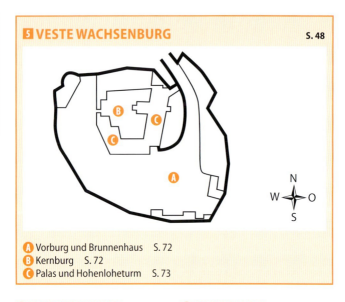

## Ⓐ VORBURG UND BRUNNENHAUS   S. 72

Die Mauern des zwingerartigen Vorburgbereichs der Wachsenburg entstanden während der Burgerneuerung zu Beginn des 20. Jh. Nur vereinzelt finden sich noch Reste der ähnlich verlaufenden Ringmauer der romanischen Burganlage. Dazu gehören vor allem im nördlichen Außenbereich befindliche Mauerstücke in der burgseitigen Böschung des Weges, die aus dem frühen 13. Jh. stammen. Im weiträumigen Hof der Vorburg stehen mehrere Wirtschaftsgebäude, unter ihnen das Brunnenhaus. Der 93 Meter tiefe Brunnen wurde zwischen 1651 und 1660 in den Berg getrieben und besitzt ein großes Tretrad für das Heraufziehen des Wassers.

## Ⓑ KERNBURG   S. 72

Auch die Gebäude der Kernburg entstammen großteilig dem Neuaufbau zu Beginn des 20. Jh., je-

Brunnen

Bereits um 930 ließ der Hersfelder Abt Megingoz die Burg zur Sicherung der Besitzungen des Klosters errichten. Während des Mittelalters wechselten häufig die Besitzer der Wachsenburg. Kriegsschäden, darunter eine Belagerung, bei der die Schildmauer durch Unterminierung zum Einsturz gebracht wurde, führten zum allmählichen Verfall der Burganlage. Erst um 1860, zur Zeit der sogenannten Burgenromantik; richtete sich das öffentliche Interesse auf den Erhalt und Wiederaufbau der Wachsenburg. Umfangreiche Wiederaufbauarbeiten fanden am Ende des 19. und zu Beginn des 20. Jh. statt. Bis 1918 war die Wachsenburg im Besitz der Herzöge von Sachsen-Coburg und Gotha. 1920 ging die Anlage an das Land Thüringen über. Ein erstes Burgmuseum wurde in den 1960er Jahren aufgelöst. Seit 2001 befindet sich die Burg in Privatbesitz.

doch folgte man weitgehend den alten Gebäudegrundrissen. So stammen die Grundmauern der Dirnitz, des längsrechteckigen Baus an der Nordseite, wie jene des östlich gelegenen Palas, noch aus der Mitte des 13. Jh. Ein Biforium, ein Triforium und ein Kapitell im Obergeschoss der Hoffassade sind ebenfalls noch originale Reste des Ursprungsbaus. Beachtenswert ist die an der Nordwestecke der Dirnitz angebrachte Kaminwange. Sie stammt wohl aus der zweiten Hälfte des 12. Jh. und ist damit der älteste noch erhaltene Teil der Burg.

## ◉ PALAS UND HOHENLOHETURM  S. 72

Im 2. Viertel des 13. Jh. wurde der Palas, ein dreigeschossiger rechteckiger Bau, errichtet. In seinen unteren Geschossen findet sich noch hochmittelalterliches Quadermauerwerk. Seine starken Strebepfeiler an der Außenseite sind Ergänzungen des 16. Jh.

Das dominanteste Gebäude der Burg ist der Hohenloheturm. Der 1905 erbaute neue Bergfried erhielt seinen Namen im Andenken des Erbprinzen Ernst zu Hohenlohe-Langenburg, der zu Beginn des Jahrhunderts die Regierungsgeschäfte für den noch minderjährigen Herzog Carl Eduard übernommen hatte. Der Turm entstand am Platz des 17. Jh. abgebrochenen romanischen Wohnturmes und sollte dessen vermutete Größe erhalten. Der Grundriss des romanischen Bergfrieds war indes mit einer Seitenlänge von fast 12 Metern größer als der Bodenfläche des heutigen Turms.

Im Nordflügel und im Hohenloheturm befindet sich heute ein Burgmuseum mit dem Graf-von-Gleichen-Gedächtniszimmer, einem Bauern- und Handwerkszimmer und einer Waffen- und Rüstkammer. Ein Raum erinnert an den Schriftsteller Gustav Freytag (1816–1895), der hier sein Buch „Das Nest der Zaunkönige" verfasste.

# BURG LIEBENSTEIN

Leuchtend hell erheben sich Turm und Palas der Burgruine Liebenstein über dem Tal der Wilden Gera. Am Fuße des baumbestande-
nen Burgbergs liegt das gleichnamige Dorf. Entlang des Flüsschens
nutzten erst eine Handelsstraße später auch die Eisenbahntrasse
den geebneten Weg zwischen Plaue und Gräfenroda. Fluss und
Straße gaben auch den Anlass zur Errichtung der Burg. Das fließen-
de Wasser bildet eine Grundlage für die Besiedlung. Der Handels-
verkehr verlangte nach einer befestigten Anlage zum Schutz und
zur Kontrolle der Reisenden.

Palasfenster

## ANREISE

**Auto** Aus Westen von der A 4 bei Ausfahrt Gotha in Richtung Suhl/Bad Langensalza/Oberhof abfahren und auf die B 88 bis Gräfenroda fahren. Hier nach Plaue auf die L 2149 abbiegen und der Straße bis Liebenstein folgen. Aus Süden die A 71 bei der Ausfahrt Gräfenroda auf B 88 in Richtung Ohrdruf/Geraberg/Geschwenda verlassen. In Gräfenroda nach Plaue auf die L 2149 abbiegen und der Straße bis Liebenstein folgen.
Aus Norden bzw. Osten kommend die A 4 bei Ausfahrt Neudietendorf oder die A 71 an der Ausfahrt Arnstadt-Nord in Richtung Arnstadt verlassen. In Arnstadt der L 3004 nach Plaue folgen. In Plaue auf die L 2149 nach Gräfenroda abbiegen und bis Liebenstein fahren.

**ÖPNV** Die Südthüringenbahn verbindet Meiningen mit Suhl und Erfurt. Auf der Strecke liegen Plaue und Gräfenroda. Beide Orte sind etwa drei Kilometer von Liebenstein entfernt, von hier verkehren Busse nach Liebenstein.

**Fahrrad/Wandern** Das 3 km von Liebenstein entfernte Plaue liegt am Thüringen von Nord nach Süd durchquerenden Gera-Radweg (www.gera-radweg.de). Von Erfurt sind es etwa 33 km bis zur Burg.

## GASTRONOMIE UND ÜBERNACHTUNG

**Landhotel „Plauescher Grund"** Das Hotel verfügt über 24 Zimmer (inkl. Appartement für 5 Personen sowie Hochzeitssuite) und einen großzügigen Wellnessbereich. Kegelbahn und das Restaurant „Silberdistel", in dem thüringische und regionale Küche serviert wird. Bahnhofstraße 18 • 99338 Plaue • Tel.: (0 36 2 07) 53 20 • www.plauescher-grund.de   S. 48 **19**

**Hofgut und Reitverein „Am Kirchholz"** Der Reiterhof bietet Ferien und Reitstunden an. Im „Hofgutstübchen" kann man bei Kaffee und selbstgebackenem Kuchen sowie regionalen Gerichten den Reitern in der Halle durch das Panoramafenster zuschauen. Dorfstraße 29 • 99338 Rippersroda • Tel.: (01 76) 81 08 54 08 • www.hofgut-rippersroda.de • Mo. 15–22 Uhr, Do. 15–23 Uhr, Fr. 14–23 Uhr, Sa. 13–23 Uhr, So. 11.30–22 Uhr   S. 48 **13**

---

**BURG LIEBENSTEIN**
www.thueringerschloesser.de/de/schloesser-burgen-gaerten/burgruine-liebenstein
Burgverein Liebenstein Thüringen e. V. • Burgweg 6 • 99330 Liebenstein/Ilm-Kreis • Tel.: (01 76) 21 86 33 46 • www.burgverein-liebenstein.de • Burgruine frei zugänglich, Führungen nach Anmeldung Mo.–So. möglich

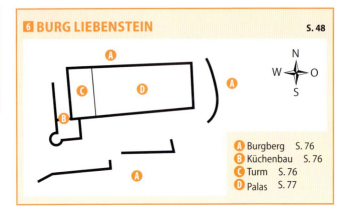

**6 BURG LIEBENSTEIN** S. 48

N
W—O
S

Ⓐ Burgberg S. 76
Ⓑ Küchenbau S. 76
Ⓒ Turm S. 76
Ⓓ Palas S. 77

## Ⓐ BURGBERG S. 76

Schon in der Bronzezeit wurde der östliche Sporn des Bergrückens besiedelt. Im frühen Mittelalter entstand dann an dieser Stelle eine ovale Ringburg, die wiederum im 13. Jh. durch die Burg der Grafen von Käfernburg-Schwarzburg ersetzt wurde. Diese Burganlage war in eine Hauptburg mit Turm und Palas und in eine Vorburg gegliedert. Im Tal, unmittelbar an einer Handelsstraße, lag die zur Burg gehörende Siedlung der Handwerker und Burgmannen, das Suburbium. Vom Dorf aus windet sich ein Pfad den steilen Burghang hinauf zur Ruine. Er geht in den ehemaligen Halsgraben über, der einst mit 17 Metern Breite und 12 Metern Tiefe die Anlage vom restlichen Bergsporn trennte.

## Ⓑ KÜCHENBAU S. 76

Dem erhaltenen Gebäudekomplex der Kernburg, bestehend aus dem Turm und einem dreigeschossigen Palas, ist ein fragmentarisch erhaltener spätgotischer Küchenbau mit Rundtürmchen vorgelagert. Sie stammen aus einer Ausbauphase nach 1434, als Wettiner die Herren von Witzleben mit der Burg belehnten. Gleichzeitig wurde der Hauptzugang hierhin verlegt und der Burghof nach Süden erweitert.

## Ⓒ TURM S. 76

An der Graben- und Hauptangriffsseite ragt trotzig der gewaltige Rechteckturm mit heute noch fast 29 Meter in die Höhe. Mit seiner Mauerstärke von 3,60 Metern bildet er gleichzeitig die Schildmauer für den dahinterliegenden Wohn- und Saalbau. Vergleiche mit alten Abbildungen legen nahe, dass er einst noch ein weiteres Geschoss besaß. Zugang zum Turm erlangte man nur über das Hauptgebäude. Ursprünglich lag die unterste Pforte auf 19 Metern Höhe. Weiter Eingänge lagen im Dachbereich des Wohnbaus. Bildquellen belegen, dass schon 1642 dem Turm das Dach fehlte.

## ❶ PALAS     S. 76

Baueinheitlich schließt das massive dreigeschossige Palasgebäude an den Turm an. Die Mauern sind noch bis zu einer Höhe von 16 Metern erhalten. Der rechteckige Grundriss der gesamten Kernburg misst etwa 35 x 15 Meter. Die Bauausführung legt eine Entstehung um das Jahr 1300 nahe. Die Wehrhaftigkeit der Anlage wird durch die geringe Zahl der Fenster in der weitgehend geschlossenen Mauerfläche deutlich. Der gesamte Kernbau war von einer Ringmauer und von einem Zwinger umschlossen, dessen Reste noch auf der Südseite vorhanden sind.

Von hier führt in 2,5 Metern Höhe das spitzbogige Portal des Hauptzugangs in den Wohnbau. Oben links neben dem Zugang, beim West- oder Küchenbau, weist der wohl grazilste Bauschmuck der Anlage, ein Vorhangbogenfenster, mit seiner noch spätgotischen Formensprache und der Jahreszahl 1566 auf eine Umbauphase zur Mitte des 16. Jh. hin. Das Innere zeigt eine für die damalige Zeit recht komfortable Raumgestaltung. Die Fenster öffnen sich zum Raum mit großzügigen Nischen – teilweise mit Sitznischen. In der Nord- und Südwand finden sich noch die Reste von Kaminanlagen. Den oberen Abschluss des Gebäudes bilden Zinnenkranz und Walmdach.

### KURZE GESCHICHTE DER BURG

Erste Erwähnung fand die Burg 1282 in einer Urkunde der Grafen von Schwarzburg, in der ein Albrecht von Löwenstein als Zeuge erscheint. Im folgenden Jahrhundert durchlief der Name einige Wandlungen. 1288 findet sich ein Hermann von Lewenstein, 1358 ein Dietrich von Lobinstein. Zum Ausgang des 14. Jh. ist ein Heinrich die Liebenstein bezeugt. Gleichzeitig erscheint Liebenstein als Amt im Einkünfteverzeichnis der Thüringischen Landgrafen. In deren Hände gelangten Burg und Herrschaft nach mehrfachem Eigentümerwechsel. Nachweislich gehörte die Burg zur Wende ins 14. Jh. zu den käfernburgischen Besitzungen. Nach dem Aussterben dieses Grafengeschlechts kam sie an die Schwarzburger. 1367 beabsichtigte Graf Johann II. von Schwarzburg-Wachsenburg den Verkauf an die Reichsstadt Erfurt. Ein Unterfangen, das die Landgrafen verhinderten, sie erwarben die Burg zwei Jahre später selbst. 1434 wurden die Herren von Witzleben von den Wettinern mit der Burg belehnt. Sie bauten die Anlage zum Wohnschloss aus. Um 1610 wurde das nicht mehr vorhandene vordere Schloss erbaut, gleichzeitig begann der Verfall der Kernburg. Nach dem Aussterben der Familie Witzleben 1820 fiel der Besitz an die Herzöge von Sachsen-Gotha. Kaum ein halbes Jahrhundert später (1867) wurde die nun leer stehende Burg auf Abbruch verkauft. Glücklicherweise blieb zumindest der eindrucksvolle Kernbau erhalten.

# TIPPS FÜR ABSTECHER

**7 BURG EHRENSTEIN** S. 48

Die Burg (1346 erstmals erwähnt) wurde vermutlich in der ersten Hälfte des 14. Jh. im Bereich einer älteren Anlage errichtet. Der Ehrenstein gehörte zum Besitz der Grafen von Schwarzburg. Im Verlauf des Sächsischen Bruder- und des parallel verlaufenden Schwarzburgischen Hauskriegs wurde die Burg 1448 eingenommen. Am Ende des 16. Jh. verpfändet, begann die Burg zu verfallen, so dass sie um 1630 als „wüstes Schloss" bezeichnen wird. Seit 1995 gehört sie zur Stiftung Thüringer Schlösser und Gärten.

Die nahezu rechteckige Kernburg ist von Verteidigungsanlagen umgeben. Sie wird von einer umlaufenden Ringmauer mit Schießscharten und einem Graben geschützt. Die Kernburg des Ehrensteins besitzt auffällige bauliche Parallelen zur Burg Liebenstein. Die kompakte Anlage besitzt eine Länge von 36 Metern und durchschnittlich 10 Meter Breite. Der viergeschossige Palas wird an beiden Schmalseiten von Viereckstürmen flankiert. Der am östlichen Ende gelegene massive Bergfried ist über 25 Meter hoch und besitzt eine Mauerstärke von über 2,5 Metern. An seiner Südseite sitzt ein gut erhaltener Aborterker an. Im Norden der Kernburg lag der geschützte Wirtschaftsbereich innerhalb der Vorburg.

Gemeindeverwaltung Ehrenstein • Ehrenstein Nr. 6 a • 99326 Ehrenstein • Tel.: (0 36 29) 81 26 76 • www.thueringerschloesser.de/de/schloesser-burgen-gaerten/burgruine-ehrenstein • frei zugänglich, Führung nach Vereinbarung

**8 BURG LIEBSTEDT** S. 48

Die Ordensburg Liebstedt ist in vieler Hinsicht eine Besonderheit. Sie ist die einzige noch existierende Durchgangsburg Deutschlands. Das bedeutet, die Wehranlage wurde zu zwei Richtungen geöffnet über dem Straßenverlauf einer Fernhandelsroute errichtet. Durch die Burg verlief die Kupferstraße, die noch bis ins 18. Jh. eine wichtige Nord-Süd-Verbindung zwischen Jütland und Rom war. Die Ursprünge der Burg liegen im 10. Jh. (956 Ersterwähnung). Eine architektonische Besonderheit ist das in für den Deutschen Orden typischer Backsteingotik errichtete Torgebäude. Der Ritterorden kam 1331 in den Besitz der Burg und richtete hier eine Komturei ein. Beachtenswert ist das dreifach gestaffelte Wall-Graben-System, dessen äußerer Ring auch den Ort einschloss. Die Kernburg umgab ein zum Teil rekonstruierter Wassergraben, der ursprünglich nur über zwei Zugbrücken zu überwinden war. Heute führt eine Steinbrücke zum repräsentativen Torturm mit seinen schönen gotischen Vorhangbogenfenstern. Hinter ihnen liegt der Kapitelsaal eines der zu besichtigenden historisierend eingerichteten Zimmer der Burg. In den Räumen wird zudem eine Ausstellung zu Geschichte der Burg und des Deutschen Ritterordens gezeigt.

Berggasse 95 • 99510 Liebstedt • Tel.: (03 64 62) 3 09 00 • www.ordensburg-liebstedt.de • Apr.–Okt. Di.–Fr. 8–17 Uhr, Sa./So. 12–17 Uhr, Nov.–März Di.–Fr. 8–15 Uhr

## ⑨ FELSENBURG BUCHFART S. 48

Unweit des Dorfes Buchfart lassen sich in den Felsenklippen des nördlichen Steilufers des Flusses Kammern und Mauerreste einer Höhlenburg erkennen. Archäologische Funde belegen bereits für die Jungsteinzeit eine Besiedlung des Geländes. Der Ausbau der Felsenburg begann wohl im 10. Jh. Selbst in ihrer Blütezeit bot die Burg wenig Wohnkomfort. Sie dürfte mehr dem Rückzug und Schutz vor Angreifern als der ständigen Behausung gedient haben. Die Anlage bestand aus zwölf Kammern und Gängen, einer flussseitigen Umfassungsmauer und wahrscheinlich einem Turm. Im Jahr 1348 wird Burgfahrt oder Buchverte erstmals als Sitz eines Lutolf von Heitingsburg erwähnt. Bereits zur Mitte des folgenden Jahrhunderts wurde die Anlage aufgegeben. Durch fortschreitende Erosion hat die Natur bedeutende Teile der Burg zerstört.

Anlage frei zugänglich

Felsenburg Buchfart

# WESTTHÜRINGEN

Die Wartburg ist wohl die bekannteste Burg Deutschlands. Jährlich zieht sie Tausende Besucher aus der ganzen Welt nach Thüringen. Zu Unrecht finden nur wenige auch den Weg zu ihrer „Schwester" nach Creuzburg oder zur Brandenburg, der imponierenden Ruine der Wartburger Burggrafen. Im Süden wartet auf der Veste Heldburg das Deutsche Burgenmuseum auf.

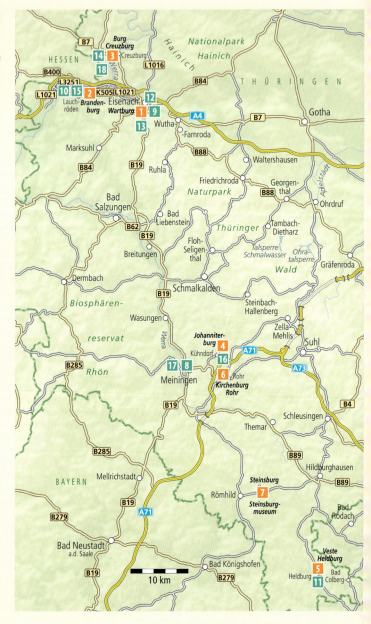

## BURGEN

## TIPPS FÜR ABSTECHER

## GASTRONOMIE UND ÜBERNACHTUNG

# WARTBURG

Am 4. Mai 1521 dröhnt nachts der Hufschlag eines Reitertrupps auf der Zugbrücke der Wartburg. Hans von Berlepsch, der Burghauptmann, erwartet die kleine Schar – in ihrer Mitte der Martin Luther. Der Reformator bewohnt nun als Junker Jörg getarnt das Vogteigebäude. Hier übersetzt er die Bibel in die deutsche Sprache. Dann aber sieht er durch die stürmischen Ereignisse im Land seine Lehren bedroht und verlässt sein sicheres Refugium in Richtung Wittenberg. Luthers Schaffen verleiht der Burg ihre Berühmtheit und Bedeutung in späteren Jahrhunderten. Doch schon die Ludowinger schufen mit dem Hauptgebäude der Burg, dem Palas, ein bedeutsames und richtungweisendes Werk der Burgenarchitektur.

Burgtor mit Zugbrücke

## ANREISE

**Auto** Die A 4 an der Abfahrt Eisenach verlassen. In Eisenach der Wartburgallee zum Parkplatz unterhalb der Wartburg folgen.

**ÖPNV** Eisenach besitzt einen Bahnhof mit guter Regional-, Fern- und ICE-Anbindung.

**Fahrrad/Wandern** Die Wartburg beziehungsweise Eisenach liegen an drei Radrouten. Aus dem hessischen Kassel führt der Herkules-Wartburg-Radweg nach Eisenach. In Ost-West-Richtung verbindet die Thüringer Städtekette die Wartburg mit vielen Sehenswürdigkeiten und Orten im Freistaat und als Teil der D-Netzroute mit Aachen und Dresden. Von Süden kommen der Rennsteig-Radwanderweg aus Blankenstein an der Saale oberhalb der Bleilochtalsperre und der Werra-Radweg dem Flusslauf folgend von Neuhaus am Rennweg über Hildburghausen, Meiningen, Bad Salzungen nach Eisenach und darüber hinaus gen Norden nach Eschwege und Hann. Münden.
Vom Bahnhof Eisenach sind es etwa 2,5 km hinauf zur Wartburg. Es empfiehlt sich der Weg über den Schlossberg anstatt der deutlich längere via Wartburgallee.

## GASTRONOMIE UND ÜBERNACHTUNG

**Burgschenke** In rustikaler Atmosphäre kann man hier beim Besuch der Burg verschiedene Leckereien der Thüringer Küche genießen. Auf der Wartburg 2 • 99817 Eisenach • Tel.: (0 36 91) 79 70 • www.wartburghotel.arcona.de • März–Okt. Mo.–So. 10–18 Uhr, Nov.–Feb. Mo.–So. 10–16.30 Uhr S. 82 **9**

**Hotel auf der Wartburg** Seit rund hundert Jahren kann man auf der Wartburg übernachten. Das jetzige Hotel wurde zuletzt 2001 saniert und verfügt nun über 37 großzügige Zimmer. Auf der Wartburg 2 • 99817 Eisenach • Tel.: (0 36 91) 79 70 • www.wartburghotel.arcona.de S. 82 **13**

**Gasthof & Pension „Am Storchenturm"** Der Gasthof im rustikal-historischem Ambiente inkl. Heuboden und Biergarten verfügt über 7 Zimmer. Georgenstraße 43 a • 99817 Eisenach • Tel.: (0 36 91) 73 32 63 • www.gasthof-am-storchenturm.de S. 82 **12**

> ### WARTBURG
> Auf der Wartburg • 99817 Eisenach • Tel.: (0 36 91) 25 00 • www.wartburg-eisenach.de • März–Okt. 8.30–17 Uhr, Nov.–Feb. 9–15.30 Uhr

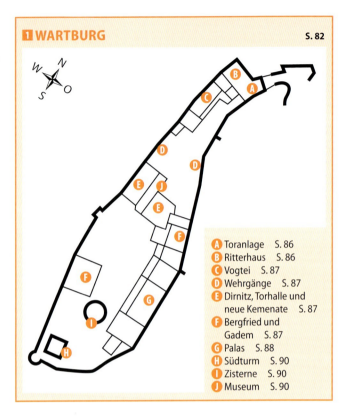

A Toranlage  S. 86
B Ritterhaus  S. 86
C Vogtei  S. 87
D Wehrgänge  S. 87
E Dirnitz, Torhalle und neue Kemenate  S. 87
F Bergfried und Gadem  S. 87
G Palas  S. 88
H Südturm  S. 90
I Zisterne  S. 90
J Museum  S. 90

## A TORANLAGE  S. 86

Über die Zugbrücke führt der Weg in die Burg. Ihre starken Bohlen erscheinen wie ein Relikt aus grauer Vorzeit, sind jedoch eine recht junge Ergänzung. Ebenso ist auch der Erker des Torhauses mit dem doppelten Rundbogenfenster, der Rosette und Wappenstein eine Zutat der Sanierung im 19. Jh. Der Torweg durchfährt drei Bögen. Der äußere Rundbogen mit seinen massiven Torflügeln ist spätgotisch. Die kleine Schlüpfpforte, die sich bei geschlossenem Tor öffnen ließ, trägt den Spitznamen „Nadelöhr". Der zweite Bogen bildete das Tor der romanischen Burganlage und gehört mit einer Entstehungszeit um 1200 zum ältesten Bestand der Anlage. Das hofseitige innere Tor formt einen Spitzbogen und stammt wiederum aus dem Spätmittelalter.

## B RITTERHAUS  S. 86

Das Torhaus steht in Baueinheit mit dem westlich angrenzenden

Ritterhaus. Das Fachwerkgebäude aus dem 15. Jh. beherbergte unter anderem Räume für die Dienstmannen der Burg. Im Fachwerk erkennt man gut, das für die Zeit um 1500 typische leicht spitzbogige Schneidende der Andreaskreuzbalken. Im Ritterhaus befanden sich außerdem Hafträume für bessergestellte Gefangene, die sogenannten Kavaliersgefängnisse.

### ● VOGTEI　　S. 86

Unmittelbar an das Ritterhaus schließt sich die Vogtei an. Das verbaute Fachwerk lässt sich auf etwa 1480 datieren. In diesem Gebäude befindet sich das wohl berühmteste Zimmer der Wartburg – die Lutherstube. Hier fand der Reformator als „Junker Jörg" Zuflucht und übersetzte in nur elf Wochen das Neue Testament ins Deutsche. Ein beliebtes Fotomotiv ist der gotische Fachwerkerker an der südlichen Schmalseite. Er wurde dem Gebäude erst im 19. Jh. angefügt und zierte ursprünglich die Fassade eines Nürnberger Bürgerhauses.

### ● WEHRGÄNGE　　S. 86

Gegenüber der Vogtei und in deren Anschluss zieht sich die Ringmauer mit aufgesetzten Wehrgängen hinauf zur Hofburg. Die bis zu 1,70 Meter starke Ringmauer gehört wie der innere Bogen des Torhauses zum romanischen Baubestand. Auf sie wurden unter Verwendung trapezförmigen Holzkonsolen (Knaggen) im 15. Jh. ge-

schlossene Wehrgänge aufgesetzt, die unter anderem den Einsatz von Feuerwaffen erleichterten. Für deren Namen standen die berühmtesten auf der Wartburg lebenden Thüringer Landgräfinnen, Margaretha und Elisabeth, Pate. Der östliche, der Elisabethgang, besitzt zusätzlich noch einen weit auskragenden Schützenerker, Luginsland genannt.

### ● DIRNITZ, TORHALLE UND NEUE KEMENATE　　S. 86

Am oberen Ende begrenzt ein weiterer geschlossener Gebäudekomplex den Hof der Vorburg. Die im 19. Jh. neu errichteten Gebäude entsprangen den Idealvorstellungen des Hofbaumeisters Hugo von Ritgen. Die um 1865 fertiggestellte Torhalle entbehrt, wie auch die Dirnitz, eines mittelalterlichen Vorläufers. Die Kemenate besaß einen älteren Ursprungsbau in diesem Bereich. Das neue Gebäude diente als Quartier für die großherzogliche Familie.

### ● BERGFRIED UND GADEM　　S. 86

Zwei weitere Teile der Hofburg gehören nur scheinbar zum mittelalterlichen Erscheinungsbild der Wartburg. Der Bergfried wurde erst zwischen 1853 und 1859 erbaut. Ihn ziert auf seiner Spitze ein vier Meter hohes lateinisches Kreuz. Seine Fundamente überschneiden sich teilweise mit den Resten des mittelalterlichen Bergfrieds. Er wurde schon 1568 als baufällig bezeichnet und stand Ende des 18. Jh. nicht mehr. Der Fachwerkbau schräg gegenüber im westlichen Burghof ist der Gadem. Als Gästehaus 1874–1877 erbaut, wird er heute als Burgcafé genutzt.

### ❻ PALAS    S. 86

Der architektonische Schatz der Wartburg ist der auch als Landgrafenhaus bezeichnete Palas. Seine Entstehungszeit zwischen 1156 und 1170 lässt sich in drei Phasen einteilen. In der ersten Baustufe bis 1160 entstand ein Gebäude mit weit gezogenem u-förmigem Grundriss und großem Mittelpodest. Im Zuge der zweiten Ausbaustufe wurden dem Podest zweigeschossig Arkadengänge aufgesetzt. Die neue Gestaltung ähnelt den Fronten frühmittelalterlicher Bischofspaläste und Kaiserpfalzen. Im unteren Stockwerk des zweigeschossigen Baus lag der Repräsentationsbereich des Haupthauses. Das Obergeschoss diente als Wohnbereich der Landgrafenfamilie. In der dritten Bauphase wurde ein Gebäude geschaffen, das richtungsweisend für die deutsche Burgenarchitektur der kommenden Jahrhunderte werden sollte. Dem Bau wurde ein zusätzliches Obergeschoss aufgesetzt, das einen nahezu die gesamte Fläche übergreifenden Saal beherbergt. Allein hofseitig befindet sich zusätzlich noch die analog der unteren Geschosse angelegte Galerie. Der Saal bildet das konstitutive Element der neuen Gebäudeform des Palas, dessen aufwändige Architektur vornehmlich im Repräsentationsanspruch des Bauherrn begründet ist. Auf der Führung durch den Palas kann man das Gebäude in seiner gesamten Schönheit entdecken. Dabei beeindruckt das Monumentale des Gesamtbaus und der einzelnen Säle ebenso wie die Details des Bauschmuckes, etwa der vielseitigen Kapitellornamentik. Im Kellergeschoss, dessen Fußboden zum Teil der blanke Wartbergfels ist, werden Ausstellungsstücke zur Bau- und zur Herrschaftsgeschichte der Ludowinger auf der Wartburg präsentiert. Im Erdgeschoss liegen der Rittersaal, der Speisesaal und die Elisabethkemenate. Die Kemenate wurde, ein Geschenk Kaiser Wilhelms II. an seine Weimarer Verwandten, 1902 bis 1906 in kostbarer Glasmosaikkunst mit Lebensszenen der hl. Elisabeth ausgestaltet. Die Kapelle im südlichen Bereich des ersten Obergeschosses wurde erst im 14. Jh. in den Bau eingefügt. Von ihr führen Türen auf die Elisabethgalerie mit den Fresken des Malers Moritz von Schwind und in den Sängersaal. Auch hier dominieren die romantischen Ausschmückungen der Burgrestaurierung des 19. Jh. Im angrenzenden Landgrafenzimmer bildet die Mittelsäule den Blick-

▶ Elisabethkemenate

Südturm, Palas und Bergfried

fang. Adler und Löwe, die mächtigsten Wappentiere, finden sich hier sorgfältig gearbeitet oberhalb und zu Füßen des Säulenschafts. Das zweite Obergeschoss wird gänzlich vom großen Festsaal und der vorgelagerten Festsaalgalerie eingenommen. Südlich schließt sich das 1889/90 errichtete Ritterbad an den Palas an.

### ⓗ SÜDTURM S. 86

An der Südspitze der Burg steht der einzige erhaltene mittelalterliche Turm der Wartburg. Der Streitturm wurde in seiner jetzigen Form nach einem Brand 1318 errichtet. Auf 7,5 Metern Höhe befindet sich der Zugang zum ersten Geschoss des Turmes. Darunter liegt ein Verließ, in das die Gefangenen der Burg durch das Angstloch hinabgelassen wurden. Über

einem weiteren Geschoss befindet sich auf 22 Metern Höhe die zinnenbewehrte Plattform des Turmes.

### ⓘ ZISTERNE S. 86

Zwischen Südturm und Palas liegt das 9 Meter große Rund der mittelalterlichen Zisterne. Hier wurde das Regenwasser gesammelt. Besonders im Belagerungsfall, wenn der Zugang zu den außerhalb der Burg liegenden Quellen versperrt war, kam der Zisterne als Wasserspeicher entscheidende Bedeutung zu.

### ⓙ MUSEUM S. 86

Im Gebäudekomplex aus Torhaus, Dirnitz und Neuer Kemenate befinden sich die Räume des Museums der Wartburg. Von hier aus kann über den Margaretengang auch die Vogtei mit der Lutherstube besichtigt werden. Im Museum werden Schätze aus mittelalterlicher Zeit und andere Punkstücke aus der Sammlung der Wartburg präsentiert.

## KURZE GESCHICHTE DER BURG

Die Sage berichtet, dass Ludwig der Springer der Wartburg mit den Worten „Wart' Berg, Du sollst mir eine Burg tragen!" der Wartburg ihren Namen gab. Es ist anzunehmen, dass sich auf dem Berg schon früher ein befestigter Aussichtspunkt, eine Warte, befand. Als Ludwig um 1070 die Burg erbaute, verstieß er gegen gültiges Recht, lag sie doch auf fremdem Herrschaftsgebiet. Laut der Reinhardsbrunner Chronik ließ der Graf Erde von seinen Ländereien auf dem Gipfel des Berges aufschütten, so dass er nun auf seinem Grund bauen konnte. Zehn Jahre später wird sie in den Schilderungen des Sachsenkrieges des Merseburger Klerikers Bruno erstmals erwähnt. 1113 musste sich der aufsässige Graf Kaiser Heinrich V. unterwerfen und wurde nur gegen Übergabe der Wartburg aus der Haft entlassen. Die Burg kehrte jedoch schnell in den Besitz der Ludowinger zurück. In der zweiten Hälfte des 12. Jh. entstanden die ersten nachweisbaren steinernen Bauten auf dem Wartberg. Landgraf Ludwig II. ließ zwischen 1156 und 1162 den Palas errichten. Unter Hermann I., Förderer der höfisch-ritterlichen Dichtkunst, soll 1206 der legendäre Sängerkrieg auf der Wartburg stattgefunden haben. Als Wohnsitz hatte die Wartburg besonders für die hl. Elisabeth Bedeutung. Hier gebar sie ihre Tochter Sophie, erhielt sie aber auch die Nachricht vom Kreuzzugstod ihres Gatten Landgraf Ludwig IV. Heinrich Raspe IV. – der letzte Landgraf aus dem Hause der Ludowinger – starb 1247 auf der Wartburg. Auf seinen Tod folgte der Thüringische Erbfolgekrieg, der auch die Wartburg nicht unberührt ließ. Den Kampf um die Herrschaft in Thüringen gewannen die Wettiner. Unter ihnen wurde die Burg weiter ausgebaut. 1318 verursachte Blitzschlag ein Großfeuer auf der Burg. Die notwendige Renovierung war Anlass zum weiteren Ausbau der Burg und der „Modernisierung" des Palasinneren. Der Bedeutungsverlust im 15. Jh. lässt sich auch an der Bauausführung erkennen. Umbauten wurden nun im günstigen Fachwerk ausgeführt. Weltgeschichte wurde auf der Wartburg geschrieben, als Luther 1521/22 hier das Neue Testament in die deutsche Sprache übertrug. Der nächste berühmte Gast war Goethe. Von ihm stammen Pläne, die Burg in ein Museum zu verwandeln. Am 18. Oktober 1817 versammelten sich etwa 500 Studenten zum ersten Wartburgfest, um das Reformationsjubiläum und den vierten Jahrestag der Leipziger Völkerschlacht zu feiern. Es gilt als erste bürgerlich-demokratische Versammlung in Deutschland, die unter der Losung „Ehre – Freiheit – Vaterland" einen geeinten Nationalstaat forderte. In der zweiten Hälfte des 19. Jh. prägten die Umbau- und Renovierungsarbeiten unter Großherzog Carl Alexander von Sachsen-Weimar-Eisenach und seinem Baumeister Hugo von Ritgen die heutige Erscheinung der Burg. Seit 1999 zählt die Wartburg zum UNESCO-Welterbe.

# BRANDENBURG

Unweit von Eisenach erhebt sich oberhalb des Dorfes Lauchröden die Brandenburg. Die großräumig angelegte, in Ober- und Niederburg gegliederte Anlage gilt als eine der malerischsten Burgen Thüringens. Ihre Anfänge liegen in der ersten Hälfte des 12. Jh., spätestens zum Beginn des 14. Jh. wurde sie aus strategischen Gründen zur Doppelburg ausgebaut. Die strategische Bedeutung der Brandenburg wird sehr schnell bei einem Blick auf die Umgebung klar. Hier sicherte und kontrollierte man den Zugang nach Eisenach und zum thüringischen Kernland. Wo einst die Hohe Straße, auch „Via regia" genannt, im engen Tal der Werra verlief, durchquert heute die A 4 die Landschaft.

Bergfried der Kernburg und Westburg

## ANREISE

**Auto** Auf der A 4 zur Ausfahrt Wommen und weiter über Herleshausen nach Lauchröden fahren. In Lauchröden in Richtung Eisenach abbiegen. Nach etwa 350 m kommt der zur Burg gehörige Parkplatz.

**ÖPNV** Die Brandenburg erreicht man mit dem Zug über den Bahnhof Herleshausen (von hier zu Fuß) auf der Strecke von Eisenach nach Bebra. Ab Eisenach verkehrt zudem ein Bus bis Lauchröden (www.kvg-eisenach.de).

**Fahrrad/Wandern** Die Ruinen der Brandenburg erheben sich oberhalb des Werra-Radwegs zwischen Bad Salzungen und Eisenach. Die Strecke bildet hier auch ein Teilstück der D-Netzroute 4, die in Verlängerung der aus Altenburg in Osten kommenden Thüringer Städtekette.

Vom hessischen Herleshausen sind es etwa 3 km zur Brandenburg. Der Weg führt von der Bahnhofstraße auf der Lachröder Straße über die in der Werra verlaufende Landesgrenze nach Lauchröden. Im Dorf in Richtung Osten nach Eisenach halten.

## GASTRONOMIE UND ÜBERNACHTUNG

**Gasthaus „Schöne Aussicht"** Das Haus verfügt über neu renovierte Zimmer mit TV, Bad/WC im Dachgeschoss sowie eine Ferienwohnung. Rundumservice für Radfahrer. Boden-ständige Küche. Bahnhofstraße 19 • 37293 Herleshausen • Tel.: (01 71) 2 88 71 78 • www.gasthaus-schoeneaussicht.de   S. 82 **10**

**Hotel-Restaurant Schneider** Das über 200 Jahre alte Gasthaus mit Gaststube und angegliederter Fleischerei umfasst 11 Zimmer und 2 Appartements in zeitgemäßem Ambiente. Am Anger 7 • 37293 Herleshausen • Tel.: (0 56 54) 64 28 • www.hotel-fleischerei-schneider.de   S. 82 **15**

### BRANDENBURG

www.thueringerschloesser.de/de/schloesser-burgen-gaerten/burgruine-brandenburg • Werratalverein, Zweigverein Brandenburg e. V. • Gerstunger Straße 4 • 99834 Gerstungen/OT Lauchröden • Tel.: (03 69 27) 9 07 88 • www.die-brandenburg.de • Burg frei zugänglich, Burgmuseum: April–Sept. So. 11–17 Uhr, weitere Führungen nach Absprache

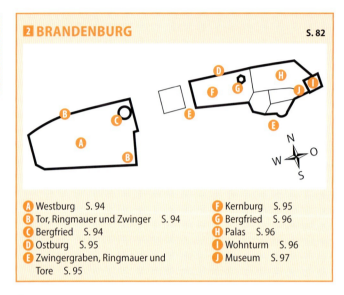

N
W — O
S

- **A** Westburg  S. 94
- **B** Tor, Ringmauer und Zwinger  S. 94
- **C** Bergfried  S. 94
- **D** Ostburg  S. 95
- **E** Zwingergraben, Ringmauer und Tore  S. 95
- **F** Kernburg  S. 95
- **G** Bergfried  S. 96
- **H** Palas  S. 96
- **I** Wohnturm  S. 96
- **J** Museum  S. 97

## **A WESTBURG** S. 94

Über einen Aufstieg vom Parkplatz unterhalb der Burg erreicht man zunächst das Tor der Westburg. Es führt in die etwa 80 Meter lange und an ihrer weitesten Stelle 50 Meter breite untere Burg.

## **B TOR, RINGMAUER UND ZWINGER** S. 94

Die Zufahrt zur Westburg liegt an der Südostecke der Anlage und damit am südlichsten Punkt der Doppelburg. Hinter dem ehemaligen Torturm erstreckt sich ein großräumiger Zwinger, der sich unterhalb der Kernburg entlangzog. Vom Tor aus steigen Reste der Ringmauer zum höher liegenden Bereich der Kernburg mit dem Bergfried auf. Weitere Teile des Mauerrings sind im Norden und Westen erhalten.

Außer diesen finden sich auf dem Burghügel vereinzelte Mauerreste der Kernburg.

## **C BERGFRIED** S. 94

Das dominante Gebäude der Westburg ist der noch 23 Meter hohe runde Bergfried. Sein Mauerwerk besteht aus regelmäßig behauenen Quadern. Im Sockel sind zwei Ringe zu Schmuckzwecken zusätzlich profiliert. Der Zugang, eine spitzbogige Tür, liegt auf zehn Metern Höhe an der Westseite, dem Hofinneren zugewandt. Unter dem Portal ragen Kragsteine aus der Wand, die einst die hölzerne Zugangskonstruktion trugen. Diese konnte im Belagerungsfall leicht zerstört und damit den Feinden das Eindringen deutlich erschwert werden.

### ❶ OSTBURG S. 94

Der Weg zur besser erhaltenen Ostburg, auch als Oberburg bezeichnet, führt vorbei am Doppelgraben, der einst beide Burgbereiche trennte. Die Ostburg zeigt ihrerseits eine mehrfache Untergliederung.

### ❷ ZWINGERGRABEN, RINGMAUER UND TORE S. 94

Der Trenngraben zwischen beiden Burgen gehört zu dem Wall-Graben-System, das gleichzeitig als Zufahrt die gesamte Ostburg umlief und in Kombination mit der Ringmauer als Zwinger diente. An der Umfassungsmauer der Ostburg ist die Form der noch vorhandenen Zinnen beachtenswert. Die sogenannten Schwalbenschwanzzinnen sind im thüringischen Burgenbau äußert selten. Die Form kommt vor allem bei Burgen im mediterranen Bereich vor und lässt auf entsprechende Kenntnisse der Brandenburger Bauherren schließen. Der Weg in die Burg führt durch eine mehrgliedrige Toranlage nahezu in der Mitte der südlichen Ringmauer. Am Haupttor erkennt man noch gut die Löcher zum Aufnehmen der Verschlussbalken. Östlich des Torbereichs ist eine halbrunde Bastion der Burg vorgelagert. Von ihr konnte der Zwinger mit Fernwaffen bestrichen werden.

### ❸ KERNBURG S. 94

Unmittelbar auf den Graben zur Westburg folgend, knüpft ein kastellartiger Burgbereich mit viereckigem Grundriss an. Er ist wahrscheinlich der Ursprung der Ostburg. Die Eigenständigkeit dieses Teils zeigt auch die Stärke seiner zur Burginnenseite weisenden Ostwand. Sie ist eine massive,

Westburg

hohe Schildmauer gegen Angriffe vom ansteigenden Bergrücken. An ihr sind noch Spuren eines Wehrganges erhalten.

## ⑥ BERGFRIED S. 94

Der Bergfried der Ostburg ist eine bauliche Besonderheit. Seine verbliebenen 18 Meter Höhe gliedern sich in einen sechseckigen, etwa drei Viertel einnehmenden Sockelbereich und ein oberes, rund ausgeführtes Geschoss. Beide Teile unterscheiden sich deutlich in der Mauerwerksqualität, was auf unterschiedliche Entstehungszeiten schließen lässt. Der untere Teil ist aus sorgfältig bearbeiteten Buckelquadern gesetzt, das obere Mauerwerk bilden kleinere unbehauene Steine. Der Zugang zum Bergfried lag auf 10 Metern Höhe. Unter der leicht gespitzten Rundbogenpforte erkennt man auch hier die Sockelsteine für den hölzernen Aufgang.

Kernburg mit Tor und Bergfried

## ⑦ PALAS S. 94

Östlich des Bergfrieds, in einem zweiten Burgabschnitt, stand der spätgotische Palas. Von dem Gebäude sind nur noch die Reste der nördlichen Außenmauer bis zu einer Höhe von 10 Metern erhalten. In der Wand sind die Kragsteine für Balken des Obergeschosses erkennbar. Die rechteckigen, mit rotem Stein eingefassten Fenster stammen aus dem 16. Jh. Bis etwa 1870 erhob sich bis zu seinem Einsturz an der Ostseite noch der hohe Schlot der Kaminanlage. Südlich liegt eine verschüttete Zisterne, in der das Wasser zur Versorgung der Burgbewohner gesammelt wurde.

## ⑧ WOHNTURM S. 94

An der Ostspitze sicherte ein Wohnturm die Hauptangriffsseite. Seine Errichtung fällt in das 15. Jh. Ein typisches Merkmal für diese Bauzeit ist die Verwendung von Buckelquadern an den Ecklinien der Bruchsteinmauern. Auf nahezu quadratischem Grundriss ist der Turm bis zu einer Höhe von 12 Metern erhalten und restauriert. Früher setzte auf dem massiven Mauerwerk wahrscheinlich noch ein Fachwerkgeschoss auf. Der erhöht liegende Eingang weist nach Westen, der Hauptangriffsseite abgewandt. Im Inneren erinnern große Kragsteine in der Südostecke des Obergeschosses an den Komfort schaffenden Kamin, dessen Haube durch sie getragen wurde. Von der Aussichtsplattform des ehemaligen Wohnturmes eröffnet sich ein großartiger Rundblick auf die gesamte Anlage und die sich unterhalb der Burg mäandernde Werra.

## ➊ MUSEUM S. 94

Die Ausstellung im Wohnturm vermittelt Wissenswertes zur Burggeschichte des Mittelalters und der frühen Neuzeit. Außerdem wird den Besuchern ein Blick in die Lebenswelt der Burgbewohner mit Trink- und Essgewohnheiten, Alltagsgegenständen, Kleidung und Bewaffnung gewährt.

### KURZE GESCHICHTE DER BURG

Den günstigen Ort oberhalb der Werra erschließen die Ludowinger, die hier offenbar einen vertrauten Lehensmann die Burg errichten ließen. Als Burggrafen der Wartburg oblag den Herren der Brandenburg bei Abwesenheit der Landgrafen auch der Schutz und die Verwaltung des imposanten Herrschaftssitzes über Eisenach. Mitte des 12. Jh. begannen vermutlich die Arbeiten an der zweigliedrigen Burg im westlichen Bereich. Die ältesten Teile der östlichen Anlage entstanden wohl in der zweiten Hälfte des 12. Jh. Die Herren der Brandenburg, Wigger von Wartberg und sein Bruder Gottfried von Amöneburg, werden seit 1143 in Urkunden als Grafen aufgeführt. Die enge Verbindung der Brandenburger mit den Landgrafen schlug sich auch in deren Kreuzzugsteilnahme nieder. 1227 teilte Graf Ludwig II. von Wartberg das Schicksal seines Lehnsherrn und Namensvetters. Wie Landgraf Ludwig IV. kehrte er nicht lebendig von der Heerfahrt ins Heilige Land zurück. Um 1280 verkaufte Albert II. von Brandenburg die Herrschaft mitsamt der Burg an den wettinischen Landgrafen Albrecht II. den Entarteten. Doch die Wettiner hatten nur geringes Interesse an der Burg. In der Folgezeit standen beide Burgteile in unterschiedlichem Eigentum und wechselten häufig den Besitzer. Die Westburg war 1306 und 1383 im Pfandbesitz der Stadt Erfurt. Der Grund für den Erwerb durch die mächtige Handelsstadt ist klar, die Erfurter wollten auf diese Weise die Hohe Straße kontrollieren und für eigene Kaufleute sichern. Zu diesem Zweck besetzten sie die Burg mit einem Amtmann, einem Vogt, sechs Wächtern und einem Hausmann – dazu noch weitere „5 redliche Gesellen, die zur Wehre tüchtig sind". Zu Beginn des 15. Jh. stabilisierte sich die Eigentumssituation. Nach 1411 war die Westburg in Besitz der Herren von Reckrodt und blieb es bis zu deren Aussterben 1703. Danach kam die Burg in den Besitz derer von Wangenheim. Die Ostburg gehörte von 1415 bis 1892 der Familie von Herda zu Brandenburg. Im Laufe des 17. Jh. wurde die militärisch bedeutungslos gewordene Burg aufgegeben und verfiel. Das gewaltige Mauerwerk diente als Steinbruch für die kleineren und größeren Herrensitze in der Umgebung der Burg. Erst Großherzog Carl Friedrich von Sachsen-Weimar-Eisenach ließ 1841 den weiteren Abbruch der Burg stoppen. Durch die innerdeutsche Grenzziehung konnte die Brandenburg von 1962 bis zum Fall der Grenzanlagen nicht mehr öffentlich betreten werden. In den 1990er Jahren wurden an der Burg Sanierungs- und Sicherungsmaßnahmen durchgeführt. Seit 1994 ist die Burg Eigentum der Stiftung Thüringer Schlösser und Gärten.

# BURG CREUZBURG

Am Unterlauf der Werra, wenige Kilometer von Eisenach entfernt, liegt das Örtchen Creuzburg. Über seinen Dächern, auf einem steilen Muschelkalkfelsen, steht die gleichnamige Burg, die auch Schwester der Wartburg genannt wird. Die Creuzburg soll eine der bevorzugten Aufenthaltsorte der hl. Elisabeth gewesen sein. Dazu trug sicherlich auch die liebliche Lage oberhalb des mäandernden Flusses mit weitem Blick in die Werraaue bei. Doch auch strategisch war die Burg von Bedeutung. Am Fuß des Burgbergs verlief ein Seitenstrang der „langen Hessen", einer wichtigen Altstraße von Frankfurt nach Leipzig. Vor der Stadt lag eine der wenigen sicheren Querungen über den im Mittelalter schiffbaren Fluss.

Wohnturm

## ANREISE

**Auto** Die A 4 an der Ausfahrt Bad Salzungen/Creuzburg verlassen und auf der B 7 nach Creuzburg fahren.

**ÖPNV** Von Eisenach aus ist Creuzburg mit dem Bus zu erreichen.

**Fahrrad/Wandern** Creuzburg liegt an mehreren Radwegen. Von Süden kommen der Werratal-Radweg und der Herkules-Wartburg-Radweg aus Eisenach und führen weiter nach Eschwege und Kassel. In Creuzburg beginnt eine Radroute nach Osten durch den Nationalpark Hainich und im nahe gelegenen Treffurt gelangt man auf die Unstrut-Werra-Radroute. Etwa 6 km südlich von Creuzburg liegt an der Bahnstrecke von Eisenach nach Bebra der Haltepunkt Hörschel. Von der Bahnstation Hörschel führt die Route zunächst unter der A 4 hindurch entlang der Werra nach Norden. In Spichra zweigt der Weg nach Nordosten in Richtung B 7 ab, der dann nach Creuzburg gefolgt wird.

## GASTRONOMIE UND ÜBERNACHTUNG

**Hotel & Restaurant „Auf der Creuzburg"** In 5 Zimmern und einer Hochzeitssuite genießen die Gäste den Blick über das Werratal oder den Burggarten. In der „Creuzburg Stube" gibt es in mittelalterlichem Ambiente Thüringer Spezialitäten und internationale Küche. Im Restaurant „Landgraf

Ludwig" ist Platz für Festivitäten. Auf Wunsch wird bei mittelalterlichen Abenden mit Gaukeleien und Musik die Zeit der Landgrafen erlebbar gemacht. Burgberg 1 • 99831 Creuzburg • Tel.: (03 69 26) 7 13 04 • www.burg-creuzburg.de • Di.–Do. 11–21.30 Uhr, Fr.–So. 11–23 Uhr    S. 82 **14**

**Stiftsgut Wilhelmsglücksbrunn** Das Biohotel vermietet 5 Ferienwohnungen sowie 16 Gästezimmer. Für die Gerichte im barrierefreien Restaurant des barocken Gutshauses werden regionale und saisonale Spezialitäten verwendet. Das Café wartet mit hausgebackenem Kuchen und Schafmilcheis auf. Zudem gibt es regionale und hauseigene Produkte im Hofladen. Wilhelmsglücksbrunn • 99831 Creuzburg • Tel.: (03 69 26) 7 10 03 20 • www.wilhelmsgluecksbrunn.de • Nov.–März Di.–So. 12–22 Uhr, April–Okt. Mo.–So. 12–22 Uhr    S. 82 **18**

### CREUZBURG

99831 Creuzburg • Tel.: (03 69 26) 9 80 47 • www.creuzburg-online. de • Burgmuseum: Nov.–März Di.–So. 10–16 Uhr, April–Okt. Di.–So. 10–17 Uhr, Führungen nach Absprache, Burgareal frei zugänglich

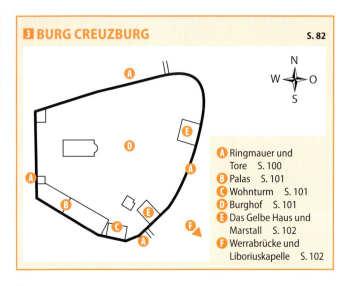

**3 BURG CREUZBURG** · S. 82

N
W ✦ O
S

Ⓐ Ringmauer und Tore · S. 100
Ⓑ Palas · S. 101
Ⓒ Wohnturm · S. 101
Ⓓ Burghof · S. 101
Ⓔ Das Gelbe Haus und Marstall · S. 102
Ⓕ Werrabrücke und Liboriuskapelle · S. 102

## Ⓐ RINGMAUER UND TORE · S. 100

Schon in ihrer ursprünglichen Form besaß die romanische Ringmauer eine Höhe von bis zu neun Metern. Im Zuge des Ausbaus der Burg erhielt die Mauer im 13. Jh. einen neuen Wehrgang. Die Schutzwirkung des über 300 Meter langen Verteidigungsringes steigerten mehrere Mauertürme. Einer stand an der Nordwestecke der Anlage. Auf seine Existenz weisen einzig Mauerspuren hin. Ein weiterer Turm erhob sich über dem Haupteingang zur Burg, dem westlichen Tor. Während des Dreißigjährigen Krieges wurde die knapp drei Meter weite Zufahrt zeitweise vermauert, um die Burg besser zu sichern. Der Turmaufbau des Westtores wurde im 18. Jh. – als letzter verbliebener Turm der Burg – niedergelegt. In diesem Bereich befanden sich bis dahin Gefängniszellen.

Das zweite, östliche Tor war der Stadt zugewandt und lag im Schutz der sich bis an die Burg ziehenden Stadtmauer. Der Weg zum Tor führt entlang der Ringmauer und trifft im spitzen Winkel auf die Einfahrt. Aus diesem Grund wurde das einfache 3,5 Meter breite Mauertor schräg versetzt in den Verlauf der Ringmauer eingelassen, um die Durchfahrt zu erleichtern. Im Torgebände finden sich zwei waagerechte Kanäle und Widerlager zur Aufnahme der mächtigen Sperrbalken. Mit ihrer Hilfe konnten die massiven Torflügel verriegelt werden. Zur Sicherung der Zufahrt zum Osttor diente möglicherweise ein dritter Turm im Bereich des Gelben Hauses.

## ❽ PALAS S. 100

Neben dem Westtor, an der Südseite der Burg, steht der Palas der Landgrafenburg. Er entstand wohl am Ende des 12. Jh. Ein grundlegender Umbau im 18. Jh. verlieh dem sogenannten Herzogshaus seine heutige barocke Gestalt. Ein genauerer Blick lässt jedoch den zweigeschossigen romanischen Saalbau erkennen. In den Außenfassaden sind auch die Reste mehrbogiger Arkadenfenster sichtbar. Besonders ein Fenster mit Viererarkade neben dem Tor zeugt von der Bauqualität des ehemaligen Palas, der in mehreren Bauphasen errichtet wurde. Zunächst besaß er eine Grundfläche von 10 x 20 Metern. Für die hangseitigen Wände des Baus wurde die Ringmauer genutzt und erhöht. Später wurde das Gebäude um zehn Meter Länge erweitert. An der südlichen Außenfront lässt sich dieser Ausbau deutlich am gröberen Mauerwerk erkennen. Im Innenbereich entspricht der Kellerzugang vom Hof der ursprünglichen Situation.

## ❾ WOHNTURM S. 100

An der Südspitze der Burg steht ein romanischer Wohnturm (1. Hälfte 12. Jh.). Seine Erscheinung wurde den jeweiligen Nutzungswechseln angepasst. Er besaß deutlich gehobenen Wohnstandard. In der Nordostecke des Erdgeschosses ist die originale schmuckvolle Kaminanlage fast vollständig erhalten. Der Zugang zu diesem unteren zweijochigen, kreuzgratgewölbten Raum liegt an seiner Ostseite im Hof dicht an der Ringmauer. Die beiden darüberliegenden Stockwerke waren über eine hölzerne Außentreppe erschlossen. Auch das erste Obergeschoss besaß mittelalterlichen Wohnkomfort. Die Südwand enthält zwei 2,5 Meter breite Fensternischen, die einst von Arkadenbögen überspannt wurden. Als der Turm später zum Gefängnis ausgebaut wurde, schaffte man beim Einrichten der Arrestzellen ein zusätzliches Geschoss in der unteren Etage. Vergitterte Viereckfenster ersetzten nun die formschönen romanischen Doppelarkadenfenster. Zu Beginn des 20. Jh. bemühte man sich, das ursprüngliche Aussehen des Wohnturms wieder herzustellen. Neben dem erneuten Einbau von Biforenfenstern im Stil der Romanik wurden auch die Veränderungen im Inneren zurückgebaut.

## ❿ BURGHOF S. 100

Auf der Hoffläche der Burg lädt ein gepflegter Barockgarten zum Flanieren ein. Im seinem Zentrum wurden bei Baumaßnahmen Fundamente und Skelette freigelegt. Vermutlich stand hier ehemals die Burgkapelle mit dem zugehörigen Friedhof. Schriftliche Quellen belegen eine Peterskirche und eine ältere Klostergründung auf dem Burgberg. Im Hof gab es auch einen Burgbrunnen. Mit knapp 37,5 Metern Tiefe sicherte er die

Barockgarten mit Kapellengrundriss

kontinuierliche Wasserversorgung der Burgbewohner.

### ❺ DAS GELBE HAUS UND MARSTALL  S. 100

Das Gelbe Haus neben dem Osttor wurde 1606 als Amtsgebäude errichtet. Für den Bau wurde das Material der älteren Burgbauten, sogenannte Spolien, wiederverwendet. So findet man in der östlichen Außenwand des Hauses eine schöne romanische Doppelarkade. Ebenfalls zu den jüngeren Burggebäuden zählt der Marstall (1745) zwischen Osttor und romanischem Wohnturm. Schon sieben Jahre nach seiner Fertigstellung lag er nach einem Blitzeinschlag in Schutt und Asche. Er wurde jedoch unmittelbar danach wiedererrichtet.

### ❻ WERRABRÜCKE UND LIBORIUSKAPELLE  S. 100

Die 1223 errichtete Werrabrücke gehört zu den ältesten Bauwerken dieser Art im mitteldeutschen Raum. Schon während ihrer Erbauung galt sie als architektonisch-technisches Meisterwerk. Mit sieben Bögen von fünf bis neun Metern Spannweite streckt sie sich 82 Meter über die Werraaue. Zum Schutz und zur Kontrolle des Übergangs befand sich am Westufer der Werra ein Turm. Ihn verband eine Mauer mit der Stadtbefestigung Creuzburgs. Am östlichen Ufer steht neben der Brücke die gotische Liboriuskapelle. Sie ersetzte 1499 einen hölzernen Vorgängerbau aus der Zeit der Brückenerrichtung. Im ersten Viertel des 16. Jh. wurde der Innenraum mit Freskogemälden ausgestaltet. Sie zeigen Szenen aus dem Leben der hl. Elisabeth und Jesu sowie weitere biblische Motive. Im Zuge der Reformation wurde die Kirche 1523 evangelisch und die Innenausmalung übertüncht. Erst eine Sanierung 1932 förderte die wertvollen Malereien wieder zutage.

## KURZE GESCHICHTE DER BURG

Die Überlieferung besagt, dass Bonifatius, der „Apostel der Deutschen", auf dem Terrain der späteren Burg ein Kreuz errichtete. Die Burggründung oberhalb der wichtigen Werraquerung geht aber auf ein deutlich älteres fränkisches Königsgut zurück.

Auf dem Berg befand sich zudem ein Benediktinerkloster, für das im Jahr 1069 ein Treffen zwischen Kaiser Heinrich IV. und dem Erzbischof von Mainz bezeugt ist. Im Folgejahr gelangte das Gebiet unter Vermittlung Kaiser Barbarossas aus dem Besitz der Reichsabtei Fulda durch Tausch an die Ludowinger. In dieser Zeit erfolgte auch die Erbauung der Burg. Landgraf Hermann I. ließ die Stadt ausbauen und mit einer Mauer befestigen, die bis zur Burg reichte, um einen gemeinsamen Wehrkomplex zu bilden. Ein weiteres beeindruckendes Zeugnis der ludowingischen Herrschaft in Creuzburg ist die steinerne Werrabrücke. Ludwig IV. ließ sie 1223, wohl als Zeichen der Freude über die Geburt seines Sohnes Hermann auf der Creuzburg, errichten. Der Stammhalter starb nur neunzehnjährig an seinem Geburtsort – man munkelte von Mord im Auftrag seines Onkels Heinrich Raspe IV., mit dessen Tod 1247 die Landgrafendynastie erlosch. Auch die Creuzburg geriet in die folgenden Auseinandersetzungen des Thüringer Erbfolgekrieges. Der Herzog von Braunschweig und Herzogin Sophie von Brabant belagerten 1259/60 die Anlage. 1294 lagen wieder Truppen vor der Burg. König Adolf von Nassaus Belagerung zwang die Verteidiger letztlich wegen Wassermangels zur Aufgabe. Im 15. Jh. verlor die Burg an Bedeutung und wurde Gerichtsort und Verwaltungssitz. Im Dreißigjährigen Krieg nahm die Burg erheblichen Schaden, dem ein Wiederauf- und entscheidender Umbau unter Herzog Johann Georg von Sachsen in der zweiten Hälfte des 17. Jh. folgt. 1758 wurde in Creuzburg plötzlich französisch gesprochen. Der Siebenjährige Krieg hatte die zeitweilige Besetzung der Burg durch ausländische Truppen mit sich gebracht.

Ab dem 19. Jh. diente die Burg maßgeblich Wohnzwecken, 1898 wurde sie von der weimarischen Regierung für 100.000 Reichsmark an Nikolaus von Dreyse verkauft. 1921 erwarb der Erfurter Hotelier Georg Kossenhaschen die Burg, die bis zum Ende des Zweiten Weltkriegs in Familienbesitz blieb. Es folgte eine Zeit als Kaserne, Schule und Ferienlager, verbunden mit stetigem Verfall, so dass die Burg in den siebziger Jahren baupolizeilich gesperrt wurde. 1981 nahmen sich Creuzburger Bürger der verfallenen Burg an und machten sie zehn Jahre später wieder für die Öffentlichkeit zugänglich.

# JOHANNITERBURG KÜHNDORF

Unterhalb des hoch ansteigenden Dolmar, eines erloschenen Vulkans, liegt Kühndorf. Im Norden des kleinen Ortes steht eine Burg, die einst dem mächtigen Johanniterorden gehörte. Sie ist als leicht verschobene rechteckige Kastellburg mit zwei Breitwohntürmen angelegt. Die Anlage nimmt unter den Thüringer Burgen in mehrfacher Hinsicht eine Sonderstellung ein. So ist sie der einzig erhaltene Wehrbau der Johanniter in Deutschland. Die Anlage ist heute aber auch das einzige im Privatbesitz stehende Objekt an der Burgenstraße Thüringens.

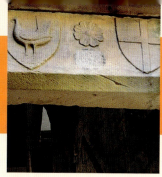

Wappen am Aufgang zur Oberburg

## ANREISE

**Auto** Die A 71 bei der Ausfahrt Meiningen-Nord verlassen und auf die B 19 fahren. Nach etwa 1,5 km auf die K 581 in Richtung Kühndorf abbiegen.

**ÖPNV** Die nächstgelegene Bahnstation befindet sich in Rohr. Sie liegt an der Regionalbahntrasse von Erfurt nach Meiningen. Vom Meininger Bahnhof sind es knapp 8 km nach Kühndorf. Eine Buslinie zwischen Meiningen und Suhl bedient auch Kühndorf.

**Fahrrad/Wandern** Durch das 5 km südlich von Kühndorf liegende Rohr führt der Haseltal-Radweg. Er verbindet Obermaßfeld-Grimmenthal, den Kreuzungspunkt von Main-Werra und Werratal-Radweg, und das etwa 20 km entfernte Suhl.
Zu Fuß vom Bahnhof Rohr über die L 1140 zum Kloster Rohr, dann Eduard-Görbing-Straße, Kühndorfer Straße und Rohrer Weg nach Kühndorf (rund 6 km).

## GASTRONOMIE UND ÜBERNACHTUNG

**Johanniterburg Kühndorf** Übernachtungen in den 15 Doppelzimmern (inkl. Aufbettungsmöglichkeit) sind nur in Verbindung mit der Anmietung eines der großzügigen Säle möglich. Schloßstraße 17 • 98547 Kühndorf • Tel.: (03 68 44) 4 02 53 • www.johanniterburg.de    S. 82 **16**

**Altstadt Hotel** Das ruhig in der Natur und dennoch zentral gelegene Hotel in der nahen Stadt Meiningen befindet sich direkt am Ufer der Werra. 14 modern eingerichtete Zimmer, dazu Sauna und Solarium. Baumbachstraße 2 • 98617 Meiningen • Tel.: (0 36 93) 8 76 90 • www.altstadthotel-meiningen.de    S. 82 **8**

**Romantikhotel „Sächsischer Hof"** Das einmalige Ambiente der 40 Zimmer wird durch Antiquitäten und Bühnenbildentwürfe von Herzog Georg II. von Sachsen-Meiningen ergänzt. In den Räumen der früheren Poststation verwöhnen das Feinschmeckerrestaurant „Die Posthalterei" und die rustikale „Kutscherstube" die Gäste kulinarisch. Georgstraße 1 • 98617 Meiningen • Tel.: (0 36 93) 45 70 • www.saechsischerhof.com • Posthalterei: Mi.–Sa. 17.30–24 Uhr, Kutscherstube: Mo.–So. 11–14/17.30–24 Uhr    S. 82 **17**

> ### JOHANNITERBURG KÜHNDORF
> Schloßstraße 17 • 98547 Kühndorf • Tel.: (03 68 44) 4 02 53 • www.johanniterburg.de • Führungen: März–Okt. Fr. 11/14 Uhr, ab 15 Personen auch nach Absprache

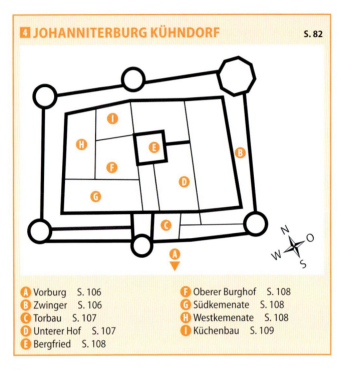

**4 JOHANNITERBURG KÜHNDORF**          S. 82

## Ⓐ VORBURG          S. 106

Südlich der Kernburg lag das großräumige Vorburggelände. Noch heute lassen die hier befindlichen, weitestgehend jüngeren Wohn- und Wirtschaftsgebäude die einstige Größe erkennen. Der ehemalige Hof der Vorburg wird nun unter anderem als Parkplatz genutzt. Ein Wall-Graben-System umgab die Gesamtanlage und trennte mit einer Querverbindung die Vor- von der Hauptburg. Den Weg in den Kernbau ebnet heute eine Trockenbrücke. Sie wurde anstelle der Zugbrücke errichtet, die früher beide Burgbereiche verband. Die Vorburg besaß ebenfalls eine gesicherte Zufahrt. An der Ostseite überspannte eine weitere Brücke den Burggraben. Auf dem gegenüberliegenden Wall bildete eine Bastion den befestigten Brückenkopf.

## Ⓑ ZWINGER          S. 106

Die Kernburg wurde zur Mitte des 15. Jh. zusätzlich mit einem schmalen Zwinger gesichert. Dessen gradlinige Mauern besaßen jeweils an den Ecken und mittig an den langen Seiten Flankierungstürme. Von diesen sind noch zwei im östlichen bzw. südöstlichen

Mauerabschnitt erhalten geblieben. Unter ihnen sticht der nordöstliche hervor. Im Gegensatz zu den restlichen Rundtürmen besitzt er einen achteckigen Grundriss, eine größere Grundfläche und einen direkten Durchgang zu einem Hauptgebäude der Burg. Die in den Bastionen ausgebildeten Schartenformen deuten auf den möglichen Einsatz unterschiedlich kalibrierter Feuerwaffen hin. Torseitig war der Zwinger mit einer Doppelmauer verstärkt.

### ● TORBAU          S. 106

Der massive Torbau wurde Mitte des 15. Jh. errichtet. Auf der linken Seite sicherte ein vorgelagerter Rundturm zusätzlich den Eingang der Burg. Hier befanden sich auch ein Verlies und die Wächterstube. Rechts neben dem Torhaus führt im Treppenturm aus dem Jahr 1610 eine hölzerne Spindeltreppe in die oberen Stockwerke des Torgebäudes. Hier liegen die 1543 eingerichtete Gerichtsstube und die neue Kapelle. Die Decke des Amtszimmers zieren Allegorien der Wahrheit und der Gerechtigkeit.

### ● UNTERER HOF          S. 106

Der Torweg führt in den unteren Hof der Kernburg. Rechter Hand, auf der Ostseite der Burg, steht das ehemalige Back- und Sommerhaus. Auf zwei Etagen liegen große Säle, die nach den ehemaligen Eigentümern der Burg als Johanniter- und Hennebergsaal benannt wurden. Im oberen Saal werden Fundstücke aus der Geschichte der Burg präsentiert, außerdem führt von hier ein Zugang in das Obergeschoss des achteckigen Flankierungsturms. Das untere Saal-

Buckelquader am Bergfried

geschoss dient heute als Raum für Feiern und Konzerte.

## ❺ BERGFRIED S. 106

Gegenüber dem Saalgebäude, auf der anderen Hofseite, steht der Torso des quadratischen Bergfrieds mit acht Metern Seitenlänge. Über die Hälfte hiervon fallen auf die jeweils knapp 2,5 Meter Mauerstärke. Auf zehn Metern Höhe lag die Decke des Erdgeschosses. Von ihr lassen sich noch die Ansätze des Kreuzgratgewölbes erkennen. Der Bergfried ist das älteste Bauwerk der Burg und stammt aus der Zeit um 1300. An seiner Südseite verbindet ein Treppenaufgang den unteren mit dem oberen Burghof. Besonders beachtenswert ist der Türsturz mit den Wappen des Hauses Henneberg und des Johanniterordens. Es markiert die Grenze zwischen der säkularen Unterburg und der klerikalen Oberburg.

## ❻ OBERER BURGHOF S. 106

Neben dem Rest der Bergfriedmauer wird der obere Burghof zu drei Seiten von hohen Gebäuden, dem Küchenbau, sowie den sechs- und siebengeschossigen West- und Südkemenaten gebildet. Die beiden Wohnbauten erinnern in ihrer massigen Bauweise an die Burg von Orlamünde. Der wehrhafte Charakter der Gebäude wird durch die über zwei Meter mächtigen Mauern unterstrichen. Sie erfüllen damit die Funktion der Schildmauern hochmittelalterli-

Johannitersaal

cher Burganlagen. Die zum oberen Hof weisende Westwand des Bergfrieds besteht aus typischem Buckelquadermauerwerk, das zudem Zangenlöcher für das Heben mit einer Kranvorrichtung aufweist.

## ❼ SÜDKEMENATE S. 106

In der sechsgeschossigen Südkemenate lagen das Hospital und die Kapelle der Johanniterburg. Durch eine Öffnung in der Raumdecke des Bettensaals wurde den Kranken das Beiwohnen an darüber stattfindenden Gottesdiensten ermöglicht. Originaler Bauzeuge der Ordenszeit ist die Balkendecke aus dem 14. Jh. Von späterer Wohnqualität künden die Renaissanceverzierungen der geräumigen Fensternischen.

## ❽ WESTKEMENATE S. 106

Das höchste Gebäude der heutigen Burg ist die imposante Westkemenate. Sie überragt den südlichen Nachbarbau um ein Geschoss. Die Wandstrukturen an den Seitenfronten lassen gut erkennen, dass ursprünglich ein hoher, reiner Schildmauerbereich das Gebäude abschloss, der erst später zum Geschoss ausgebaut wurde. Heute werden die Gebäude der Burg für vielfältige Veranstaltungen und für Übernachtungen genutzt. Die Westkemenate verbindet eine Pforte mit gotischem Spitzbogenportal mit dem Küchenbau. Sie ist vermutlich der Rest eines Vorgängerbaus.

## ❶ KÜCHENBAU     S. 106

Der Küchenbau stammt in seinem ursprünglichen zum Hof offenen Zuschnitt wie die Kemenaten aus der Bauphase zu Beginn des 14. Jh. Die Begrenzungswand zum Hof ist eine Ergänzung des frühen 17. Jh.

### KURZE GESCHICHTE DER BURG

Das Siegel eines Gottfrieds von Kühndorf unter einer Urkunde des Jahres 1137 gilt als erste Erwähnung des Rittersitzes. Ein halbes Jahrhundert später traten die Kühndorfer als Vasallen der Grafen von Henneberg auf. 1274 wird die Burg erstmals als hennebergisches Eigentum genannt. Berthold VII. der Weise verkaufte 1315 den Berg Dolmar, die umliegenden Dörfer und die Burg Kühndorf an seinen älteren Bruder Berthold VI. mit der Genehmigung, hier eine neue Burg zu errichten. Berthold VI. war 1291 in den Johanniterorden eingetreten und bekleidete dort hohe Ämter. Als Prior des Ordens stand er den Komtureien in Polen, Böhmen und Österreich sowie mehreren Kommenden in Deutschland vor. Unter ihm wurden Großteile der alten Burg abgerissen und zwischen 1316 und 1320 anstelle des Vorgängerbaus ein ordenstypisches Kastell errichtet. Mit dem Tod Bertholds VIII. – der seinem Onkel in den Ordensämtern und als Besitzer der Burg gefolgt war – starb auch das Interesse der Johanniter an Kühndorf. Als 1398 ein Brand in der Anlage wütete, waren die Jahre als Burg des Ordens gezählt. Um 1429/30 wurde die Komturei aufgegeben. Damit begann die weltliche Kapitel der Burggeschichte. Als Besitzer werden zunächst Georg Truchsess zu Wildberg und Hans Vogt von Salzburg genannt. 1444 wurde die Burg wieder Eigentum der Henneberger. Nach dem Kauf ließ Graf Georg I. von Henneberg-Römhild die Anlage modernisieren. Unter seiner Ägide wurde die Zwingeranlage mit fünf Türmen errichtet. Zeitweise war Kühndorf hennebergischer Amts- und Gerichtssitz, wurde aber auch als Witwensitz genutzt. Nach dem Aussterben der Henneberg-Schleusinger Dynastie kam die Burg 1583 an Kurfürst August von Sachsen. Nach 1660 folgte ein relativ kurzes, 58 Jahre dauerndes Zwischenkapitel: Kühndorf war Teil der sächsischen Sekundogenitur Sachsen-Zeitz. In Folge des Wiener Kongresses wurde das Amt 1815 dem Königreich Preußen zugeschlagen. Unter preußischer Verwaltung diente die Burg als Domäne. Am Ende des Zweiten Weltkrieges kamen zunächst Flüchtlinge in der Burg unter. Danach ging die Anlage durch Enteignung in Volkseigentum über. 1991 kam die Burg wieder in Privatbesitz. Vier Jahre später wurde der Herrensitz erstmals wieder der Öffentlichkeit zugänglich gemacht.

# VESTE HELDBURG

Die Faszination von Burgen basiert auf historischem Interesse, romantischen Idealen, architektonischem Charme und oft beeindruckenden Landschaften. Die Veste Heldburg gleicht einem Bilderbuch der deutschen Burgengeschichte. Ihre exponierte Lage auf einem Bergkegel vulkanischen Ursprungs verlieh der Burg auch den Namen „Fränkische Leuchte". Die Bauten der Anlage zeigen deutlich die Entwicklung von der Trutzburg zum repräsentativen Schloss der Frührenaissance, über den begonnenen Ausbau zur barocken Festung hin zur idealisierten Rekonstruktion im Zuge der Burgenromantik des Historismus. Kein Wunder, dass die Veste zum Standort des Deutschen Burgenmuseums gewählt wurde.

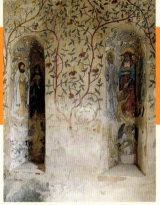
Fresken in der Burgkapelle

## ANREISE

**Auto** Die A 73 an der Ausfahrt Eisfeld-Süd verlassen und in Richtung Schalkau/Lautertal-Nord/Bad Colberg-Heldburg nach Heldburg fahren.
Von der A 71 aus Süden kommend die Ausfahrt Bad Neustadt a. d. Saale auf B 279 in Richtung Bad Königshofen/Bad Neustadt fahren. Von der B 279 in Richtung Sternberg abbiegen weiter über Rieth und Hellingen nach Heldburg fahren.

**ÖPNV** Mit dem Zug nach Hildburghausen (Bahnstrecke Eisenach – Neuhaus am Rennweg), von dort mit dem Bus bis Heldburg.

**Fahrrad/Wandern** Knapp 25 km nördlich der Veste Heldburg liegt Hildburghausen. Die Stadt ist eine Station des Werratal-Radwegs (www.werratal.de). Westlich führt der Main-Werra-Radweg in Süd-Nord-Richtung etwa 50 km entfernt durch Bad Neustadt a. d. Saale.
Vom bayrischen Bad Rodach läuft man rund 9 km. Der Weg zur Burg führt vom Bahnhof auf der Heldburger Straße vorbei am Bad Rodacher Kurpark über die bayrisch-thüringische Landesgrenze durch Holzhausen nach Heldburg.

## GASTRONOMIE UND ÜBERNACHTUNG

**Gasthof „Torschenke"** Die Torschenke ist ein gemütliches Gasthaus in der Altstadt von Heldburg direkt neben dem Unteren Tor. In den Gasträumen des mittelalterlichen Gemäuers und auf der überdachten Terrasse können sich die Gäste typische Speisen der thüringisch-fränkischen Küche schmecken lassen. Für Übernachtungsgäste stehen zwei komfortable Doppelzimmer zur Verfügung. Schuhmarkt 92 • 98663 Bad Colberg-Heldburg • Tel.: (03 68 71) 2 13 41 • www.torschenke-heldburg.de • Di.–So. 11–24 Uhr   S. 82 **11**

---

### VESTE HELDBURG
Burgstraße 215 • 98663 Heldburg • Tel.: (03 68 71) 3 03 30 • www.deutschesburgenmuseum.de • April–Okt. Di.–So. 10–18 Uhr, Nov.–März Di.–So. 10–16 Uhr

## 5 VESTE HELDBURG

S. 82

**A** Heidenbau   S. 112
**B** Französischer Bau   S. 112
**C** Hausmannsturm   S. 114
**D** Jungfernbau   S. 115
**E** Kommandantenbau,
    Freifrauenkemenate,
    Hexenturm   S. 115
**F** Terrasse   S. 115

## A HEIDENBAU
S. 112

Der Hauptzugang zum inneren Burghof führt durch den langen, steilen Torweg im Heidenbau. Das Haus wurde 1509/10 errichtet und ist der älteste noch stehende Teil der Anlage. Zwar erfuhr der Bau im Laufe der Zeit mehrere Nutzungsänderungen und Umbauten, doch entspricht seine Grundstruktur dem Originalzustand. Die entscheidenden Veränderungen waren die Einbauten der tonnengewölbten Durchfahrt 1570 und der Schlosskirche ein weiteres Jahrhundert später.

## B FRANZÖSISCHER BAU
S. 112

Im spitzen Winkel zum Heidenbau folgt südlich das Hauptgebäude der Heldburg. Es wird berichtet, dass Nickel Grohmann, um 1561 mit den umfangreichen Bauarbeiten betraut, eine empfindliche Gefängnisstrafe drohte, sollte seine Arbeit hinter der Qualität des von ihm zuvor errichteten Altenburger Rathauses zurückstehen. Hofseitig zeigt die Fassade des Französischen Baus zwei Geschosse mit Doppelfenstern. Zwei Erkerbauten und ein runder Treppenturm gliedern die Gebäudefront. Der Zugang zur Wendeltreppe im Inneren des Turms erfolgt durch ein Portal im Stil der Frührenaissance. Korinthische Säulen, ein Gebälk mit Rautenwerk und ein Dreieckgiebel umfassen die Tür.

Glanzstücke der Gebäudegestaltung sind die beiden Erker. Der Zuordnung zum herzoglichen Gemach (von außen betracht links) und dem Zimmer seiner Gattin folgte auch die künstlerische Gestaltung mit männlichen bzw. weiblichen Figuren. Dementsprechend entwickelte sich auch die Benennung als Herren- und Frauenerker. Die glatt gequaderten unteren Bereiche der Erker dekorierten bis zu den Umbauten Mitte des 19. Jh. Karyatiden – steinerne Säulenfiguren. Die Brüstungstafeln am ersten Obergeschoss des Frauenerkers schmücken Reliefs mit Allegorien der weiblichen Tugenden. Parallel sind am Herrenerker Krieger in Rüstungen unterschiedlicher Epochen dargestellt. Die Räume zwischen Fenstergebinde und Eckpilaster zieren am Herrenerker Waffenstücke. Am Frauenerker verweisen der sächsische Rautenkranz und das pfälzische schräge Schachbrett-Wappen auf die dynastische Herkunft der Erbauer. Diese wiederholen sich in den Tympana der Erker. Im zweiten Obergeschoss verweist der Bauschmuck beider Erker auf die Nutzung der dahinterliegenden Räume als Fest- und Spielsäle.

Das hofseitig fensterlose Souterraingeschoss beherbergte die Küche, die Rentmeisterstube, Junker- und Pagenstuben. Der darunterliegende Keller wurde auch zur Unterbringung der Musikanten und für Badestuben genutzt.

Über den vorgesetzten Treppenbau gelangt man in die Obergeschosse. Im ersten befand sich das herzogliche Wohngeschoss, dass zugleich Repräsentationszwecken diente. Das zweite Geschoss umfasst den großen Festsaal mit Vorsaal und mehrere Fremdenzimmer. Im Dachgeschoss befanden sich die sogenannten „Räthe-" und „Canzlistenstuben".

An den hinter dem Treppenturm liegenden Vorsaalbereich schließt sich südlich ein Anbau an, der unten von einem weiteren Kellergeschoss getragen wird. In seinem obersten Geschoss liegt das soge-

Herrenerker

nannte Casimir-Zimmer, nach Johann Casimir, dessen Baufreudigkeit die Burg in der ersten Hälfte des 17. Jh. prägte. Aus den Vorsälen gelangt man auch in den Jungfernbau.

## ⓒ HAUSMANNS-TURM   S. 112

Der Hausmannsturm erhebt sich an der Nordwestspitze des Burghofs über dem Torweg. Er bildet ein Gebäudeensemble mit dem Jungfernbau, dem unteren Tor und dem Kommandantenbau einschließlich des sogenannten Hexenturmes. Dieser südwestliche Abschnitt der mittelalterlichen Burg wurde später auch als Amtsbau genutzt. Seinen spitz aufragenden Helm verdankt der Hausmannsturm, ebenso wie den oberen Bereich mit Zinnenkranz und Gusserker, den architektonischen Vorstellungen der Burgenromantik des ausgehenden 19. Jh.

---

### KURZE GESCHICHTE DER BURG

Die Gründung der Bergveste ist wohl auf die Grafen von Henneberg zurückzuführen. Als deren Amtssitz wird sie bei der ersten urkundlichen Erwähnung im Jahr 1317 genannt. In der zweiten Hälfte des Jahrhunderts war die Burg zwanzig Jahre im Besitz des Nürnberger Burggrafen Albrecht, bevor sie 1374 Eigentum der wettinischen Landgrafen von Thüringen und Markgrafen von Meißen wurde. Gemeinsam mit der Veste Coburg sicherte die Anlage die südwestliche Flanke ihrer Besitzungen. Mit der Leipziger Teilung kam Heldburg 1485 an den ernestinischen Zweig der Wettiner. Zu Beginn des 16. Jh. wurde die Burg erheblich ausgebaut. Die ältesten noch vorhandenen Gebäude stammen aus dieser Zeit. Jedoch schon zur Jahrhundertmitte erhielt die Anlage durch Umbauten, die Herzog Johann Friedrich II. veranlasste, einen neuen Charakter. Der 1561–1564 von Grohmann errichtete Französische Bau verleiht der mittelalterlichen Trutzburg nun die überaus repräsentativen Züge eines Schlosses. Jedoch trat die Veste immer stärker hinter ihre Coburger Schwester zurück und erfuhr nur 1675 noch einmal einen politischen Bedeutungsgewinn. Im Besitz des Hauses Sachsen-Hildburghausen stieg sie für sieben Jahre zu dessen Hauptresidenz auf. Um den veränderten militärischen Erfordernissen nachzukommen, wurde zu Beginn des 18. Jh. der Ausbau der Heldburg zur Festung projektiert. Die Reste von Schanzen im Außenbereich zeugen heute von dem unvollendeten Ansatz. Die Burgenromantik des Historismus verlieh der Anlage letztlich die heutige Erscheinung. Die Herzöge von Sachsen-Meiningen, seit 1826 Besitzer der Burg, gaben der Anlage im Laufe des 19. Jh. ihr jetziges Gepräge. Nach dem Zweiten Weltkrieg lag die Veste für 45 Jahre im Grenzgebiet. Ein Großbrand wütete 1982 im Französischen Bau und vernichtete den Dachstuhl und das bis dahin original erhaltene Interieur. Erst zwölf Jahre später begannen umfangreiche Wiederaufbauarbeiten. Sie sind getragen von dem Ziel, hier das Deutsche Burgenmuseum entstehen zu lassen.

---

## D JUNGFERNBAU S. 112

Vom ursprünglich hofseitig viergeschossigen Jungfernbau wurden 1875/76 zwei Geschosse abgetragen. An der Fassade erkennt man auf halber Höhe noch die kleine spitzbogige Tür, die einst in die alte Burgkapelle führte. Vor den Umbauten des 16. Jh. wurde die Kapelle durch zwei schlanke romanische Rundbogenfenster erhellt, die heute noch als Blendnischen erkennbar sind. Beeindruckend ist die gut erhaltene Freskenbemalung der Wandflächen. Die Darstellungen der Vierzehn Nothelfer werden einer Werkstatt Lucas Cranachs d. Ä. zugerechnet, der 1507 auf der Heldburg weilte. Im unteren Geschoss des Jungfernbaus befanden sich die Wachstube mit Zugang zur Tordurchfahrt und die Silberkammer, die später auch als Hofapotheke genutzt wurde.

## E KOMMANDANTENBAU, FREIFRAUENKEMENATE, HEXENTURM S. 112

Nördlich des Hausmannsturmes zieht sich im leichten Rund der Kommandantenbau. Dessen vorgelagerte südwestliche Spitze bildet der Hexenturm. Seine unteren Geschosse dienten neben fortifikatorischen Zwecken auch als Verlies und Gefängnis. Auf die Einkerkerung vermeintlicher Hexen verweist bis heute sein Name. Der äußerlich schlicht wirkende Kommandantenbau birgt in seinem Inneren die zur Wende ins letzte Jahrhundert eingerichteten Räumlichkeiten der Freifrau von Heldburg. Deren Gestaltung wurde der Spätgotik nachempfunden. Zentraler Raum ist die saalartige Freifrauenkemenate mit dem wappenbekrönten Kamin. Bei den hier stattfindenden Gesellschaften waren u. a. der Komponist Johannes Brahms und der Wissenschaftler Ernst Haeckel zu Gast. Im unteren Geschoss befanden sich der Marstall und die alte Hofstube sowie die zum Küchenbereich gehörende Backstube.

Verlässt man die Kernburg durch das untere Tor, findet man das dem Jungfernbau vorgelagerte Brunnenhaus. Es gehört auch in die Phase der unter Leitung von Nickel Grohmann vorgenommenen Umbauten. Es dauerte von 1557 bis 1564, den Brunnen auf eine Teufe von 114 Metern in den Berg zu treiben.

## F TERRASSE S. 112

Im Bereich der heutigen Terrasse schloss zwischen 1550 und 1838 ein Küchenbau den Gebäudering. Hier befanden sich die Küchen, die Schlachtstube, Vorratsräume und -keller. Die westliche Ecke des Gebäudes war durch einen kleinen Turm gesichert, der im Grundriss der Terrasse und ihrer Zinnenbrüstung erhalten blieb. Die durch den Abriss des Küchenbaus entstandene äußere Wandfläche des Kommandantenbaus ziert seit 1899 das Abbild des hl. Georg als Drachentöter.

# TIPPS FÜR ABSTECHER

## 6 KIRCHENBURG ROHR
S. 82

Die Kirchenburg von Rohr ist nicht nur wehrhistorisch interessant. Die Anlage beherbergt einen baugeschichtlichen Schatz. Ihr Zentrum, die Pfarrkirche, gehört zu den ältesten Sakralbauten Mitteldeutschlands. Neben großen Teilen des karolingischen Langhauses aus dem 9. Jh. ist die sehr gut erhaltene Krypta, die ebenfalls in dieser Zeit errichtet wurde, besonders bemerkenswert. Rohr fand erstmals 815 urkundliche Erwähnung, als hier ein Sprengel des Reichsklosters Fulda gegründet wurde. Das Benediktinerkloster bestand nur kurze Zeit. In der Folge entstand ein Reichshof, der im 10. Jh. mehrfach Aufenthaltsort deutscher Könige und Kaiser war. Im Sommer 984 fiel das Licht der Weltgeschichte auf den kleinen Ort. Im Konflikt um die Nachfolge Kaiser Ottos II. hatte der Bayernherzog Heinrich II., genannt der Zänker, den minderjährigen Thronfolger Otto III. entführt, um eigene Ansprüche geltend zu machen. Doch einen militärischen Konflikt mit der ottonischen Partei scheute der Zänker. Am 29. Juni übergab er den erst vierjährigen König auf einem Reichstag in Rohr seinen kaiserlichen Vormündern, seiner Mutter Theophanu und seiner Großmutter Adelheid.

### KIRCHENBURGEN

In Franken und Thüringen entstanden am Ende des Mittelalters zahlreiche Kirchenburgen, die sowohl der Religionsausübung als auch zum Schutz und zur Verteidigung der örtlichen Bewohner dienten. Die Kirchenburgen besaßen meist eine Wehranlage mit Torhäusern, Türmen und Mauern. Innerhalb des Mauerberinges wurden häufig zusätzlich Speicher für Getreide, mitunter auch Ställe für das Vieh errichtet. Dass solche Kirchenburgen in Dörfern lagen, verwundert nicht. Anders als Städte waren die ländlichen Siedlungen nicht durch Befestigungen geschützt. Im mittleren Werragebiet sind mehrere recht imposante Wehrkirchen erhalten geblieben. Dazu gehören die Wehrkirchen in Leutersdorf, Vachdorf, Belrieth, Einhausen, Obermaßfeld, Walldorf und Herpf.

Während der zweiten Hälfte des 14. Jh. entstand die fast kreisförmige Wehranlage. Sie wurde vermutlich auf älteren Mauerteilen errichtet und mit einem zwingerartigen Torhaus gesichert. Betritt man den Mauerring, fällt zunächst dessen beachtliche Höhe auf, die mit sechs Metern angegeben wird. Balkenlöcher lassen einen relativ breiten, hölzernen Wehrgang vermuten. Um die Wehrmauer auch wirkungsvoll verteidigen zu können, wurden in diese Maulscharten eingelassen. Derartige Scharten dienten vor allem zum Schuss mit Haken- oder Wallbüchsen. Die regionale Geschichtsforschung gibt die Bestückung der Kirchenburg von Rohr mit 31 Feuerwaffen, 56 Spießen und zwei Bindäxten an.

Ein Besuch der Kirchenburg von Rohr lohnt also in doppelter Hinsicht – nirgendwo sonst kann man in Thüringen sowohl einen vorromanischen Sakralbau und eine hochmittelalterliche Kirchenburg besichtigen!

Michaeliskirche: Linde 2 • 98530 Rohr • www.kirche-rohr.de • Mo.–So. 8–18 Uhr, Kirchenmuseum: Linde 4 • 98530 Rohr • Tel.: (03 68 44) 3 06 54 • Di.–Fr. 14–16 Uhr und nach Vereinbarung.

## 7 STEINSBURG-MUSEUM     S. 82

An prominenter Stelle, im Sattel der Gleichberge, befindet sich ein Spezialmuseum für die Ur- und Frühgeschichte Südthüringens. In unmittelbarer Nähe des Museums liegt die Steinsburg, eine 2.500 Jahre alte keltische Wehranlage. Etwa zu Beginn unserer Zeitrechnung wurde die Anlage aufgegeben, dem Verfall und der Wiederbewaldung preisgegeben. Das Museum vermittelt anschauliche Einblicke in die Lebenswelt der Menschen von der Mittelsteinzeit um 8000 v. Chr. bis zum Hochmittelalter. Im Mittelpunkt der Ausstellung steht dabei die keltische Kultur. Neben den Museumsräumen erschließen besondere Erlebniswege im Umland den vorgeschichtlichen Reichtum der Gleichbergregion.

Waldhaussiedlung 8 • 98631 Römhild • Tel.: (03 69 48) 2 05 61 • www.thueringen.info/steinsburgmuseum • Di.–So. 9–17 Uhr

Kirchenburg Rohr

# NORDTHÜRINGEN

**Besuchen Sie Barbarossa! Laut einer Sage sitzt der Kaiser mit seinem Hofstaat verzaubert im Kyffhäuser. Sollte der alte Herrscher keine Audienz gewähren, lohnt die Besichtigung der alten Reichsburg. Nicht minder interessant sind die recht unbekannte Burg Lohra und der vieltürmige Hanstein.**

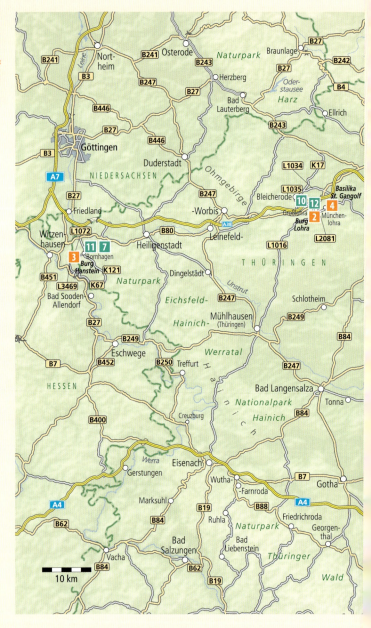

10 km

## BURGEN

## TIPPS FÜR ABSTECHER

## GASTRONOMIE UND ÜBERNACHTUNG

# REICHSBURG KYFFHAUSEN

Auf einer Gesamtlänge von 600 Metern erstreckt sich auf dem Ost-teil des Kyffhäusers die gleichnamige sagenumwobenen Reichs-burg Kyffhausen. Die dreigeteilte Anlage gliedert sich, zusätzlich durch Abschnittsgräben getrennt, in Unter-, Mittel- und Oberburg. Häufig wird die mittelalterliche Burg, eine der größten ihrer Art in Deutschland, mit Kaiser Friedrich I. Barbarossa in Verbindung ge-bracht. Der Sage nach soll er mit seinem Gefolge im Berg schlafen, um eines Tages, wenn er wieder erwacht, das Reich zu neuer Herr-lichkeit zu führen. Während er schläft, wächst der rote Bart des Kai-sers um einen Steintisch. Ob sich Barbarossa zu Lebzeiten jemals auf Kyffhausen aufhielt, ist nicht belegt.

Barbarossa-Denkmal

## ANREISE

**Auto** Die A 38 bei Ausfahrt Berga auf die B 85 in Richtung Kelbra/Bad Frankenhausen/Stolberg verlassen. Von der B 85 auf dem Kyffhäuser in Richtung Kyffhäuserdenkmal fahren.

Aus der Mitte, dem Süden und dem Südwesten Thüringens auf der A 71 bis zur Ausfahrt Sömmerda-Ost fahren, auf die B 176 in Richtung Greußen/Straußfurt/Buttstädt abbiegen und zur B 85 in Richtung Bad Frankenhausen fahren.

Von Südost kommend über die A 9 zur A 38 fahren oder der B 85 bis zum Kyffhäuser nach Norden folgen.

**ÖPNV** Die der Burg nächstgelegene Bahnstation ist das auf der Strecke von Nordhausen nach Sangerhausen gelegene Bennungen. Das Dorf liegt 7,5 km nördlich der Burg Kyffhausen. Von Bennungen führt der Weg über Sittendorf zur Burg.

**Fahrrad/Wandern** Auf einer Strecke von 36 km kann man auf dem gleichnamigen Radweg (www.kyffhaeuser radweg.info) das Kyffhäuser-Gebirge umrunden. Von Rundweg führen mehrere Fahrwege hinauf zur Burg. Durch eine Anbindungsstrecke ist der Kyffhäuser-Radweg über den Unstrut-Radweg gut mit dem Thüringer Radwegenetz verbunden.

Eine schöne Wanderung mit Erlebniswanderweg führt von Kelbra über die Rothenburg zum Kyffhäuser (www.

naturpark-kyffhaeuser.de). Mit der Bahn nach Berga-Kelbra, von dort mit dem Bus nach Kelbra.

## GASTRONOMIE UND ÜBERNACHTUNG

**Burghof Kyffhäuser** Unmittelbar unter dem Kyffhäuser-Denkmal liegt der Burghof Kyffhäuser. Das Restaurant bietet vornehmlich regionale Spezialitäten der Thüringer Küche. Der Burghof verfügt über gemütliche und modern eingerichtete Gästezimmer. Burghof Kyffhäuser • 06567 Steinthaleben/Kyffhäuser • Tel.: (03 46 51) 4 52 22 • www.burghof-kyffhaeuser.de • April–Okt. 9–19 Uhr   S. 120 **8**

**Hotel Barbarossa** Das Hotel im nahen Kelbra verfügt über 30 Zimmer. Im Hotelrestaurant wird regionale Küche serviert. Am Stausee • 06537 Kelbra • Tel.: (03 46 51) 4 20 • www.barba rossahotel-kelbra.de   S. 120 **9**

---

### REICHSBURG KYFFHAUSEN

06567 Steinthaleben • Tel.: (03 46 51) 27 80 • www.kyffhaeuser-denk mal.de • April–Okt. 9.30–18 Uhr, Nov.–März 10–17 Uhr

Trauungen auf der Burg: Standesamt • Tel.: (03 46 71) 7 20 25

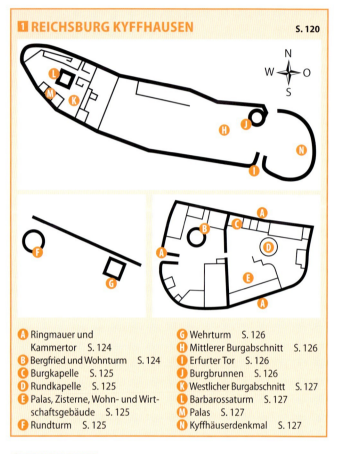

# 1 REICHSBURG KYFFHAUSEN S. 120

## Ⓐ RINGMAUER UND KAMMERTOR   S. 124

Von Osten führt der Weg entlang der Ringmauer zu einem auf der Westseite gelegenen Kammertor. Es ist der einzige Zugang zur Unterburg, deren Gründung im 11. Jh. liegen dürfte. Die Ringmauer ist teilweise noch in voller Höhe von rund zehn Metern erhalten. Balkenlöcher weisen auf die Wehrgänge, die zur Verteidigung der Mauer angebracht waren, hin. Auffällig ist die sorgfältige Quaderung der Mauer, die aus dem hier anstehenden Buntsandstein errichtet wurde.

## Ⓑ BERGFRIED UND WOHNTURM   S. 124

Unmittelbar nach dem Betreten der Unterburg fällt der Stumpf eines gewaltigen Rundturmes auf.

124

Vermutlich ursprünglich rund 30 Meter hoch, ist das 3,50 Meter starke Mauerwerk bis in eine Höhe von rund fünf Metern erhalten geblieben. Hinter dem Bergfried wurde an der nördlichen Ringmauer ein Wohnturm mit einer Grundfläche von 11 x 13 Metern errichtet. Das Erdgeschoss erhielt während einer Umbauphase im 15. Jh. sein gotisches Portal. An der Ostwand sind die Reste einer Kaminanlage zu erkennen. Außerdem lässt sich im Mauerwerk die Untergliederung des Turms in drei Wohngeschosse ablesen. Von Wohnturm zieht sich in der Mitte der Unterburg eine Quermauer zur südlichen Ringmauer zwischen dem Palas und Wirtschaftsgebäuden. Sie besaß einen Wehrgang und trennte die Unterburg in zwei Abschnitte.

## ⓒ BURGKAPELLE    S. 124

Nahezu mittig im nördlichen Verlauf der Ringmauer stehen die Reste einer dreigliedrigen Kapelle (Schiff, Chor, Apsis). Im Westen nutzt der Bau die Wand des Wohnturms als Abschluss. Von diesem führte eine Tür auf den durch die Kapelle laufenden Wehrgang der Quermauer, der hier als Empore diente. Das Kirchenschiff besitzt eine Fläche von 7,5 x 6 Metern. Der Hauptzugang mit einem romanischen Portal befand sich wahrscheinlich an der Südseite, an der Stelle des heutigen Mauerdurchbruchs. Die Burgkapelle ist vermutlich in der 2. Hälfte des 12. Jh. nachträglich errichtet worden.

## ⓓ RUNDKAPELLE    S. 124

Im östlichen Abschnitt des unteren Burggeländes fällt unweit der Burgkapelle ein Rundbau auf, dessen Funktion bisher nicht eindeutig geklärt wurde. War zunächst ein weiterer Bergfried vermutet worden, geht die Forschung heute davon aus, dass es sich um eine Kapelle handelt. Solche runden Sakralbauten wurden von der Karolingerzeit bis ins 13. Jh. errichtet.

## ⓔ PALAS, ZISTERNE, WOHN- UND WIRTSCHAFTSGEBÄUDE    S. 124

Die Mauerzüge am südlichen Abschnitt der Ringmauer werden als Reste eines Palas gedeutet. Unweit davon befindet sich in der Mitte des Burgareals eine große Sickerzisterne, die zur Wasserversorgung der Burg diente. Über die jeweilige Funktion der restlichen sich an die Ringmauer anlehnenden Häuser kann nur spekuliert werden. Sie waren Wohnbauten für die Burgbesatzung und Wirtschaftsgebäude.

## ⓕ RUNDTURM    S. 124

Das Halbrund eines Mauerzuges im Nordwesten der mittleren Burg sind die Reste eines Bergfrieds (Ø 10 m), er dürfte einst 20 bis 25 Meter in die Höhe geragt haben. Interessant ist, dass sich zwei Schalen des Mauerwerks erkennen lassen, der Turm also später verstärkt wurde. Südlich des Bergfrieds stand ein Torturm, der mit einer Zugbrücke den Zuweg von der Oberburg öffnete.

### ⑥ WEHRTURM S. 124

Der zweite erhaltene Turm der Mittelburg hat einen quadratischen Grundriss mit einer Seitenlänge von sieben Metern. An den Balkenlöchern im Inneren lässt sich erkennen, dass hölzerne Zwischendecken die Geschosse trennten.

### ⑧ MITTLERER BURGABSCHNITT S. 124

Der Zugang zur Oberburg erfolgte durch das Erfurter Tor. Das Gelände westlich und nördlich des Tores wurde wahrscheinlich von Wirtschaftsgebäuden der Oberburg eingenommen. Folgt man dem Weg über das Burgareal in Richtung Westen, dann wird hinter einer Quermauer und nach der Überquerung eines Halsgrabens der höchste Bereich der Burg zugänglich.

### ⑨ ERFURTER TOR S. 124

Historisch besonders wertvoll ist das Erfurter Tor. Hierbei handelt es sich um ein einfaches Kammertor ohne zusätzliche Verteidigungsanlagen. Der Durchgang ist original romanisch erhalten, lediglich die im 19. Jh. eingefügte Treppe ist eine spätere Zutat. Östlich des Tores, im Bereich des heutigen Denkmals, stand vermutlich ein massiver runder Bergfried zur Sicherung des Haupttores und des mittleren Burgabschnitts.

### ⑩ BURGBRUNNEN S. 124

Direkt gegenüber dem Tor an der nördlichen Ringmauer liegt der Brunnen. Während der letzten Ausbauphase der Burg in den Fels getrieben, war er wichtig bei längeren Belagerungen. Der bis in die 1930er Jahre verschüttete Brunnen gehört mit 176 Metern zu den tiefsten mittelalterlichen Burgbrunnen überhaupt. Der Wasserstand beträgt neun Meter und wird mit einer durch Sickerwasser gespeisten Quelle konstant gehalten.

---

#### KURZE GESCHICHTE DER BURG

Vermutlich unter den Kaisern Heinrich IV. und Heinrich V. entstand um 1100 zunächst eine Ringburganlage, die allerdings schon 1118 zerstört wurde. Die Burg war offenbar strategisch so wichtig, dass bereits unter Kaiser Lothar zwischen 1125 und 1137 der Wiederaufbau begann. In dieser Zeit entstand die großräumige, dreigeteilte Anlage. Während der Regierungszeit Kaiser Friedrichs I. Barbarossa (1152–1190) fanden weitere Bauarbeiten statt. Seit dem 14. Jh. verlor die Anlage zusehends ihre strategische Bedeutung. Trotzdem versuchten größere und kleinere Territorialherren in den Besitz der Burg zu kommen, darunter auch die wettinischen Landgrafen von Thüringen und die Schwarzburger. Um 1430 wurde schon vom „wüsten Schloss" Kyffhausen berichtet. Lediglich die Burgkapelle der Unterburg diente zwischen 1433 und dem frühen 16. Jh. als Wallfahrtskirche. Unwiederbringlich zerstört sind zwei Drittel der Oberburg, die dem Denkmalbau weichen musste.

## Ⓚ WESTLICHER BURGABSCHNITT S. 124

Die westliche Spitze der Burganlage war das repräsentative Zentrum des Herrschaftssitzes. Hier standen der Palas und ein alles überragender viereckiger Bergfried. Nach Westen war die Burg zusätzlich zur Ringmauer durch ein doppeltes Wall-Graben-System gesichert. Im Osten trennte ein Halsgraben diesen hoch gelegenen Abschnitt vom übrigen Burggelände, das ursprünglich durch einen noch in Resten erhaltenen Torturm gesichert und nur über eine Zugbrücke zu erreichen war. Eine außen mit Bossenquadern verblendete Ringmauer umfasst diesen vermutlich während der 2. Hälfte des 12. Jh. errichteten Burgbereich. An der im Westen liegenden Spitze des Berings sicherte vermutlich ein Turm die Anlage, die außerdem von einer zusätzlichen Außenmauer geschützt wurde. Ein Küchenbau lässt sich an der Nordwestseite der Ringmauer vermuten.

## Ⓛ BARBAROSSA-TURM S. 124

Weithin sichtbar ist der westliche Bergfried der Oberburg, der Barbarossaturm. Der Wohnturm mit drei Wohngeschossen wurde nach 1150 erbaut. In dem für die Stauferzeit typischen Buckelquadermauerwerk ausgeführt, erreichte er eine Höhe von etwa 30 Metern und damit fast das Doppelte des noch zu sehenden Restes von 17 Metern. Der Grundriss ist mit 10,8 x 10,2 Metern fast quadratisch.

Die Mauerstärke erreicht am Fuß 3 Meter. In dem begehbaren Turm sind die Wohnräume mit Kaminen und Sitznischen zu sehen. Das untere Wohngeschoss besaß einen Aborterker. In 10 Meter Höhe befindet sich der Eingang zum Bergfried mit einer in die Mauer eingelassenen Sitznische für den Wächter.

## Ⓜ PALAS S. 124

Südlich des Bergfrieds liegen die dreigliedrigen Fundamentreste eines Palas. Er war fast 19 Meter lang und über 8 Meter breit. Seine Nordmauer bildet mit dem Bergfried, ergänzt um kurze Mauerabschnitte, einen separaten, engen Innenhof. An seiner Ost- und Westseite besaß der kleine Hof starke Türen und sicherte den Zugang zum Palas.

## Ⓝ KYFFHÄUSER-DENKMAL S. 124

Von 1890 bis 1896 wurde auf der Oberburg das Kyffhäuserdenkmal errichtet. Mit ihm sollte sowohl die Reichsgründung unter Kaiser Wilhelm I. als auch die Dynastie der Hohenzollern mit einem gigantischen Bildprogramm gewürdigt werden. Der Entwurf stammte von Bruno Schmitz. Das Denkmal nimmt thematisch Bezug auf Kaiser Barbarossa, der als Bauherr der Reichsburg angesehen wurde. Umso bedauerlicher ist der unwiederbringliche und undokumentierte Verlust wichtiger Bauzeugen der Reichsburg, als mitten in der Anlage das 75 Meter hoch aufragende Denkmal errichtet wurde.

# BURG LOHRA

Die Herren von Lohra waren im 12. Jh. ein starkes Grafengeschlecht in Nordthüringen, davon künden die imposanten Mauern und die interessante Architektur ihrer Stammburg. Allein, die wehrhafte Anlage konnte das Adelshaus nicht vor dem Aussterben bewahren. Schon kurz nach dem ersten Viertel des 13. Jh. erlitt der letzte Graf wohl den Kreuzzugstod im Heer des Landgrafen. Beim Rundgang durch die Burg von Lohra sollte man auch den herrlichen Blick auf die Landschaft nördlich der Hainleite genießen.

Obergeschoss der Doppelkapelle

## ANREISE

**Auto** Die A 38 bei Abfahrt Wipperdorf verlassen und der B 80 südlich bis zum Abzweig Großlohra folgen. In Richtung Friedrichsroda abbiegen und weiter nach Amt Lohra fahren.

**ÖPNV** Der nächstgelegene Bahnhof ist Gebra. Die Bahnstation liegt an der Strecke von Nordhausen nach Leinefeld. Von hier sind es knapp 4 km in südöstlicher Richtung zur Burg Lohra.

**Fahrrad/Wandern** Abseits der Thüringer Radrouten ist die Burg Lohra dennoch gut über Landstraßen zu erreichen.

## GASTRONOMIE UND ÜBERNACHTUNG

**Offene Häuser** Reisenden, für die einfacher Übernachtungsstandard kein Problem darstellt und die stattdessen die einzigartige Atmosphäre einer Burg und natürliches Raumklima der unter denkmalpflegerischen und bauökologischen Gesichtspunkten renovierten Gebäude genießen wollen, bieten die Offenen Häuser eine sehr günstige Übernachtungsmöglichkeit.

Amt Lohra 6 • 99759 Großlohra • Tel.: (0 36 38) 4 81 49 • www.openhouses. de/seminarhaeuserundgruppenunterkuenfte  S. 120 **12**

**Hotel „Berliner Hof"** Das Hotel mit 17 Zimmern und Restaurant liegt im Zentrum der nahen Stadt Bleicheroda. Hauptstraße 62 • 99752 Bleicherode • Tel.: (0 36 38) 4 24 54 • www.hotel-berliner-hof-bleicherode. de  S. 120 **10**

---

### BURG LOHRA

Amt Lohra 6 • 99759 Großlohra • Tel.: (0 36 38) 4 81 49 • www.open houses.de/AusgewaehlteOrte/ BurgLohra

---

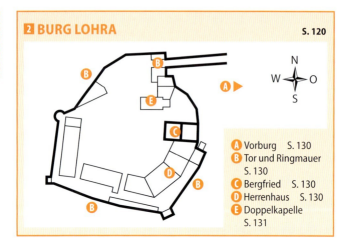

**2 BURG LOHRA** S. 120

## Ⓐ VORBURG S. 130

Insgesamt besaß die Burg eine Ausdehnung von etwa 140 Metern Breite und 240 Metern Länge. Ein Hügel in der Südwestecke der Vorburg könnte noch die Reste eines Rundturmes aus dem 11. Jh. bergen. Den äußeren Burgbereich trennt ein gewaltiger Graben von der Ringmauer der Hauptburg.

## Ⓑ TOR UND RINGMAUER S. 130

Den Kehlgraben überspannte wohl einst eine Zugbrücke vom Torgebäude aus. Hinter diesem führt der Weg vorbei an den kräftigen Resten der nördlichen Mauer auf das große hofartige Gelände. Im Westen und Südwesten (der Toreinfahrt schräg gegenüber) schließen jüngere Gebäude des 19. Jh. das Rund des Burghofs. Die interessanten mittelalterlichen Gebäude befinden sich auf der Ostseite der Burg.

## Ⓒ BERGFRIED S. 130

In ihrer Mitte beeindruckt der gewaltige Stumpf des 1780 abgetragenen Bergfrieds mit 3,4 Metern Mauerstärke. Die sorgfältige Verarbeitung der äußeren Werksteine, aber auch das gut zu erkennende Fischgrätmuster des ordentlich gesetzten Opus-spicatum-Füllmauerwerks zeugen von der Bauqualität und einstigen Herrlichkeit der Anlage.

## Ⓓ HERRENHAUS S. 130

Südlich des Turmstumpfes liegt das sogenannte Herrenhaus. Der Bau aus dem 16. Jh. steht auf einem 300 Jahre älterem Tonnengewölbe mit den Ausmaßen von 15 x 40 Metern. An seiner Ostseite greift ein Vorbau bis zur Ringmauer aus. Bei diesem sehr alten Gebäudeteil könnte es sich um einen Mauerturm der frühen Ringmauer handeln.

## ❺ DOPPELKAPELLE  S. 130

Der wahre Schatz der Anlage steht nördlich des Bergfrieds und ist ein im Äußeren eher schlichtes Gemäuer. Es beherbergt eine romanische Doppelkapelle aus der ersten Hälfte des 12. Jh. mit quadratischer Apsis. Deren östliches Fenster befindet sich noch im Originalzustand. Der zweigeschossige Sakralraum wird im Erdgeschoss von vier prächtig gestalteten Säulen getragen. In der Mitte der dreischiffigen Kapelle verbindet eine Öffnung das Unter- mit dem Obergeschoss. Der ursprüngliche Zugang zur Kapelle wird in den drei vermauerten Arkaden an der Westseite vermutet, die eine Art offene Vorhalle bildeten. Der Bauschmuck weist Parallelen zu Königslutter auf, wo wohl Steinmetze der gleichen Bauhütte gearbeitet haben. Eine zugesetzte, rundbogige Pforte an der Nordwestseite des Obergeschosses lässt den Zugang zu einem weiten Gebäude vermuten. Hier schloss sich ein Wohnturm nördlich an die Kapelle an. Zur Grabenseite war der rechteckige Innengrundriss des wehrhaften Baus mit einer massiven Spitze verstärkt.

### KURZE GESCHICHTE DER BURG

Schon im 10. Jh. stand an der Stelle der heutigen Burg eine königliche Befestigungsanlage. Die Quellen berichten für das Jahr 1116 von Berengar Graf von Lare (Lohra), einem Neffen Ludwigs des Springers. Das bemerkenswerteste Zeichen ihrer Existenz setzten sich die Grafen mit ihrer Burg. Der qualitätvolle Ausbau der Anlage gibt Zeugnis vom Macht- und Bedeutungszuwachs der Lohraer Herren. Um 1200 ließ Graf Ludwig III. von Lohra die Burg ausbauen und die Doppelkapelle errichten. Doch dem Aufstieg folgt ein jäher Fall. Graf Ludwig IV. von Lohra gehörte zu jenen Rittern, die mit dem Thüringer Landgrafen Ludwig IV. zum Kreuzzug aufbrachen. Er sollte wie viele seiner Begleiter nicht mehr heimkehren. Neue Herren auf Lohra wurden die Grafen von Beichlingen. Ab 1320 mussten sie sich jedoch den Besitz mit den Grafen von Hohnstein teilen. Sie ließen die Burg umbauen und die Befestigungsanlagen verstärken. Die Hohnsteiner saßen fast 300 Jahre bis zum Erlöschen ihrer Dynastie 1593 in Lohra. Noch im gleichen Jahr eroberte Herzog Heinrich Julius von Braunschweig die Burg. Mit dem Dreißigjährigen Krieg begann eine Zeit des häufigen Besitzwechsels, der Zerstörung und des Wiederaufbaus. Für zwei Jahre kam die Burg 1632 noch einmal an die rechtmäßigen Erben der Hohnsteiner, die Grafen von Schwarzburg und zu Stolberg. Im Zuge des Westfälischen Friedens fielen die ehemals hohnsteinischen Besitzungen zunächst an die Grafen von Sayn-Wittgenstein, dann an Kurbrandenburg. Lohra wurde so 1702 preußisches Territorium. 1712 wurde die Anlage preußische Domäne und bis 1974 landwirtschaftlich genutzt. Die Kernburg musste bei der Errichtung neuer Gebäude häufig als Steinbruch herhalten. Nach 1977 stand die Burg für 20 Jahre leer, bevor sich der Weimarer Verein „Offene Häuser e. V." ihrer annahm.

# BURG HANSTEIN

Imposant ragen die Gebäude der Hansteiner Kernburg steil in die Höhe. Sie dominieren auf der Bergkuppe das Umland und das Werratal im westlichsten Zipfel des Eichsfeldes. Aus Bornhagen führt der Weg hinauf zur Burg. Heute gehört der Hanstein zu den meistbesuchten Reisezielen entlang des malerischen Werratals. Vom Bergfried der Burg hat man einen beeindruckenden Blick in die Ferne zu den Bergen des Thüringer Waldes, zum Hohen Meißner, den Göttinger Bergen im Norden, über das Eichsfeld und die Werra.

Neidkopf

## ANREISE

**Auto** Von der A 4 nimmt man die Ausfahrt Wommen und fährt über die B 7 in Richtung Creutzburg. Von der B 7 in Oetmannshausen auf die B 27 abbiegen und bei Werleshausen auf die L 3469 nach Bornhagen fahren.

Von der A 7 bei der Ausfahrt Hann. Münden-Hedemünden abfahren und die B 80 in Richtung Hedemünden/Witzenhausen nehmen, auf die B 27 abbiegen und bei Werleshausen auf die L 3469 nach Bornhagen fahren.

Die A 38 an der Ausfahrt Friedland auf die B 27 in Richtung Neu-Eichenberg/Eschwege verlassen und ebenfalls bei Werleshausen auf die L 3469 nach Bornhagen fahren.

**ÖPNV** Vom schon in Hessen liegenden Bahnhof Eichenberg sind es rund 5 km entlang der Hessisch-Thüringischen Landesgrenze nach Süden. Durch Eichenberg führen die Bahnstrecken von Göttingen, Erfurt und Halle nach Kassel sowie von Göttingen nach Fulda.

**Fahrrad/Wandern** Die Burg Hanstein liegt mittig am ca. 15 km langen Leine-Werra-Radweg (www.naturpark-ehw.de/leine-werra-radweg).

## GASTRONOMIE UND ÜBERNACHTUNG

**Klausenhof** In der historischen Gaststätte und Herberge unterhalb der Burg Hanstein kann man „schlafen und tafeln wie im Mittelalter". Es werden verschiedene liebevoll hergerichtete „Kammern" und Schlaflager angeboten. Auch das Übernachten im Stroh oder in der Radfahrerherberge ist möglich. Im Restaurant gibt es stilecht serviertes Ritteressen oder ein Landgrafenmahl mit Eichsfelder Spezialitäten und saisonalen Kräutern. Friedensstraße 28 • 37318 Bornhagen/Eichsfeld • Tel.: (03 60 81) 6 14 22 • www.klausenhof.de • März–Dez. Mi.–So. ganztägig    S. 120 **11**

**Berghütte & Wirtshaus „Teufelskanzel"** Das rustikale Wirtshaus unweit der Burg serviert Thüringer Spezialitäten. Von der Teufelskanzel kann man den Ausblick ins Werratal genießen. Talstraße 138 • 37318 Gerbershausen • Tel.: (03 60 81) 6 12 37 • www.teufelskanzel.de • April–Okt. Mo.–So. 11–18 Uhr, Nov.–März Sa./So./Feiertag 11–17 Uhr    S. 120 **7**

### BURG HANSTEIN
Hansteinstraße • 37318 Bornhagen • Tel.: (03 60 81) 6 78 56 • www.burgruine-hanstein.de • März–Okt. Mo.–So. 10–18 Uhr, Nov. Mo.–So. 10–16 Uhr, Dez.–Feb. Sa./So./Feiertag 10–16 Uhr, Führungen auf Anfrage

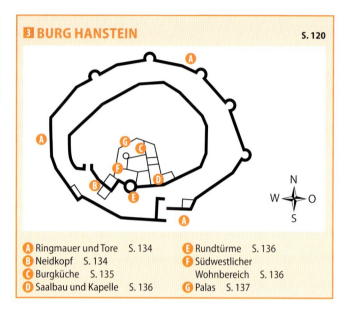

## **A** RINGMAUER UND TORE S. 134

Nach außen ist die Kernburg durch ein System aus Gräben und zwei Ringmauern gesichert. Im äußeren Ring ist die Mauer im Norden und Osten, den weniger stark abfallenden Seiten des Bergkegels, zusätzlich durch halbrunde Schalentürme verstärkt. Im südlichen Mauerbereich lassen zwei kleine Schlupfpforten den Weg zur Kirche und aus dem Zwinger zu.

Der Weg auf den Hanstein führt durch fünf Tore. Wer in die Burg will, muss nicht nur die Pforten durchqueren, sondern die Anlage auch einmal komplett im langen Zwingerbereich umrunden. Vom ersten Tor (noch im Dorf) sind lediglich die unteren Mauerpfeiler

zu sehen. Die folgenden Tore sind besser erhalten und als Kammertoranlagen erkennbar. Der Komplex aus drittem und viertem Tor, mit einem dazwischenliegenden engen, zwingerartigen Wegstück, gewährte oder versperrte die Zufahrt zum äußeren Tor. Die spitzbogig überwölbte Durchfahrt des vierten Tores besitzt die stattliche Höhe von 3,70 Metern. Das letzte Tor, der Einlass zur Kernburg, wurde im 17. Jh. in seiner jetzigen Form rekonstruiert. Anstelle der heutigen steinernen Rampe sicherte einst eine Zugbrücke den Weg.

## **B** NEIDKOPF S. 134

Zwischen dem dritten und vierten Burgtor grinst oberhalb des

Kammertor

Weges ein „Neidkopf" von der südwestlichen Außenmauer und streckt seine Zunge in Richtung Ludwigstein. Der Hanstein stand als kurmainzische Grenzveste als Bastion gegen den Besitz der Landgrafen von Hessen. Im 14. und 15. Jh. trieben die Hansteiner, wie viele ihrer verarmenden Standesgenossen, ein wildes Raubritterleben. Um dem Einhalt zu gebieten, ließ Landgraf Ludwig II. von Hessen im Jahre 1415 dem Hanstein gegenüber die Burg Ludwigstein erbauen. Die Hansteiner aber ließen – um die Ludwigsteiner Burgmannen zu verhöhnen – den „Neidkopf" in Richtung der gegenüberliegenden Burg spotten. Doch auch vom Ludwigstein lugt eine Grimasse in Richtung Hanstein und führt mit seinem Pendant gleichsam einen Dialog gegenseitiger Verachtung.

### ❻ BURGKÜCHE S. 134

Betritt man die Kernburg, wird der Blick frei auf den engen fünfeckigen Burghof. Im nördlichen Burgbereich liegen die Reste einer recht großen Burgküche mit den sichtbaren Resten eines beeindruckenden Kamins und einem ursprünglich wohl über 110 Meter tiefen Brunnen. Die Küche gehört wie das Mauerwerk der anderen Gebäude vermutlich in eine Bauphase zu Beginn des 14. Jh. Im Kellerbereich des Küchenbaues finden sich jedoch auch für die Romanik typische Buckelquader. Die Werksteine verdanken ihre

Bezeichnung der Außenwölbung auf der Frontseite. Weitere originale aufgehende Mauerreste aus der Zeit zwischen 1075 und 1209 weist lediglich noch der gegenüberliegende südwestliche Teil der Burg auf. Deutlich heben sie sich durch ihre qualitätvolle Bearbeitung vom übrigen Mauerwerk ab.

### Ⓓ SAALBAU UND KAPELLE S. 134

Linker Hand vom Kernburgtor, in der Südwestecke der Anlage, befinden sich die Reste eines Saalbaus und der Burgkapelle. Von der Erbauungszeit der Kapelle (1414) kündet eine Inschrift unter dem hansteinschen Wappenstein. In gotischer Schrift steht „Anno domini MCCCCXIV ist ort gebaut" in Stein gemeißelt. Beachtenswert ist die kleine Sakramentsnische mit ihrer schönen gotischen Gestaltung.

### Ⓔ RUNDTÜRME S. 134

Die Reste der Wohngebäude werden von zwei schlanken Rundtürmen überragt. Am älteren Nordturm, der wie auch der zweite Turm als Zugang zu den Wohngeschossen diente, sind in den oberen sieben Steinreihen der Turmkrone Zangenlöcher gut zu erkennen. Vermutlich stammt dieser Mauerbereich von einer aufwändigen Reparatur, zu der wohl auch ein mittelalterlicher Baukran eingesetzt wurde. Ein Aufstieg auf den Turm wird mit einem wunderbaren Fernblick auf das Werratal

und die Burg Ludwigstein sowie das Eichsfeld belohnt. Auch die Burg selbst bietet sich von oben eindrucksvoll dar.

Um 1474 begannen an der Burg abermals umfangreiche Bauarbeiten. Derlei Burganlagen dienten meist mehreren Familienzweigen eines Adelsgeschlechts gleichzeitig als Sitz. Jede Linie besaß ein eigenes Wohngebäude innerhalb der Burg. Wie kompliziert das Zusammenleben auf engem Raum war, zeigt eine Überlieferung in der Hansteinschen Chronik. Für das Jahr 1476 ist dort von Streitigkeiten die Rede, deren Beilegung eines Schiedsspruches bedurfte. Anlass waren Auseinandersetzungen zwischen den Rittern Werner und Cord von Hanstein und deren Söhnen, die offenbar den Burgfrieden durch Scheltworte und Schlägereien mit dem Gesinde gebrochen hatten. Die Folge: Die Familie, die in dem erweiterten Burgbereich lebte, erhielt einen separaten Zugang zu ihrem Wohngebäude.

### Ⓕ SÜDWESTLICHER WOHNBEREICH S. 134

Neben dem Südturm lädt die Sitznische des sogenannten Kunigundenfensters ein, kurz zu verweilen und den Blick über die bezaubernde Landschaft schweifen zu lassen. Die Wand schmückt zudem eine zierlich profilierte Nische, die einst einem Waschbecken gedient haben könnte. Mittig im Raum öffnet sich der Zugang zur zweistöckigen Kelleranlage. In der Westecke führen zwei Pforten in den jüngsten Teil des Burgbereiches. Der Wohnturm aus dem 16. Jh. zeigt mit zwei Aborterkern, Aufbewahrungsnischen und Kaminen den hohen Lebensstandard seiner Bewohner. Weniger luxuriöse Zeiten fristeten die Insassen des Burgverlieses, des nach einem Häftling benannten „Semmelhansloches", zu dem man über die schmale Wendeltreppe gelangt.

## ⑥ PALAS S. 134

Neben der westlichen Burgterrasse, deren Seitenmauern den Bereich auch als ehemaligen Wohnbau erkennen lassen, umschließt das ziegelgedeckte Palasgebäude den Nordturm. Sein Erscheinungsbild erhielt es erst 1838/40, als sich die Familie von Hanstein hier, auf ihrer Stammburg, einen Ort für Familienzusammenkünfte und Traditionspflege schuf.

### KURZE GESCHICHTE DER BURG

Die Burg Hanstein wurde im 11. Jh. auf der Kuppe des Höheberges 250 Meter über der Werra errichtet. Schon für den August 1070 ist ihre Zerstörung durch Krieger Heinrichs IV. belegt. Kurz darauf begann vermutlich rasch der Wiederaufbau. 1144 kamen die Welfen in den Besitz des Hansteins, sie hatten die ausgestorbenen Grafen von Northeim beerbt. Von einem erneuten Wechsel der Herrschaft über die Burg wird 1209 berichtet. In diesem Jahr fiel die Bergveste an den Mainzer Erzbischof, der zu Beginn des 14. Jh. den Bau der heutigen Burg unter Aufsicht von Heinrich und Lippold von Hanstein veranlasste. Der Grund für die umfangreichen Bauarbeiten war die strategisch wichtige Lage. Der Hanstein war eine der bedeutenden Grenzfestungen am Rande des mainzischen Eichsfeldes.

1473 ist in der schriftlichen Überlieferung von einer Belagerung der Burg die Rede, bei der zum Beschuss des Hansteins zwei Karthaunen (grobe, kurze Geschütze) und mehrere Steinbüchsen zum Einsatz kamen. Angeblich beschädigte die Artillerie nur die Dächer, nicht aber das Mauerwerk. Um sich vor weiteren Schäden zu schützen, banden die Hansteiner kurzerhand Gefangene auf die Dächer. Insgesamt soll die Bergveste dreißig Belagerungen widerstanden haben. Der Einsatz großkalibriger Feuerwaffen deutete auch hier freilich das generelle Ende der Burgen an. Mit der Wende vom 15. zum 16. Jh. wurden die Trutzburgen allmählich von ihren Bewohnern aufgegeben und stattdessen weitaus wohnlichere und attraktivere Schlösser genutzt. Auch dem Hanstein bleibt diese Entwicklung nicht erspart. Zwar fanden noch einmal aufwändige Bauarbeiten auf der Burg statt. Am Innenhof entstand um 1570/80 ein quadratischer Treppenturm mit renaissancetypischen Schmuckformen. Immer wieder anfallende kostspielige Instandhaltungsarbeiten und Reparaturen führten letztlich dazu, dass die Herren von Hanstein 1683 die Burg endgültig aufließen. Als mit dem aufkommenden Historismus die Wurzeln für die Burgenherrlichkeit an der Wende vom 19. zum 20. Jh. gelegt wurden, entsann sich die Familie von Hanstein ihrer alten Bergveste und ließ den am besten erhaltenen Teil der Anlage sanieren.

## ▣ BASILIKA ST. GANGOLF ZU MÜNCHENLOHRA S. 120

Etwa 3 Kilometer östlich ihrer Burg stifteten die Grafen von Lohra im 12. Jh. ihr Hauskloster. Vom romanischen Klosterkomplex ist heute nur die zum Teil im 18. Jh. rekonstruierte dreischiffige Basilika mit doppeltürmigem Westwerk erhalten. Das Kloster gehörte dem Orden der Benediktinerinnen und später den Augustinerchorfrauen. Den Nonnen standen ein Propst für die wirtschaftliche Leitung und ein Priester für die Seelsorge zur Seite. Den Abschluss des Kreuzgrundrisses bilden am Chor und den beiden Querhausarmen Apsiden. In der Hauptapsis steht ein gotischer Marienaltar (um 1510). Er gehörte ursprünglich zur Kirche von Karritz/Altmark und wurde erst 1957 in Münchenlohra aufgestellt. Der Taufstein stammt aus dem 15. Jh. Beeindruckend ist die weiträumige Säulenkrypta unter dem Chor. Während der Reformationszeit wurden die Schwestern zunächst 1525 von aufständischen Bauern vertrieben, und nach einer kurzzeitigen Rückkehr wurde der Konvent 1546 endgültig aufgelöst. 1590 erwarb die Familie von Gladebeck die zunehmend verfallende Anlage und blieb ein reichliches Jahrhundert deren Besitzer. In dieser Zeit wurde ein Großteil der Klostergebäude abge-

Königspfalz Tilleda

rissen. Es finden jedoch auch Renovierungsarbeiten an dem Kirchenbau statt. Als 1701 die Eigentümerfamilie ausstarb, wurde die Anlage landesherrliche Domäne. Mitte des 18. Jh. riss man nun auch Teile der Basilika ab und nutzte den so verkleinerten Bau als Dorfkirche für Münchenlohra. Nach Anregungen des preußischen Generalkonservators Ferdinand von Quast wurde die Kirche 1882 bis 1885 wieder aufgebaut. Zwischen 1951 und 1957 finden dann noch einmal umfassende Sanierungen statt.

Pfeilerbasilika Münchenlohra • Dorfstraße Münchenlohra • 99759 Großlohra • Tel.: (03 63 38) 6 02 36 • www.muenchenlohra.de • Di.–So. 8–17 Uhr

## 5 PANORAMA MUSEUM BAD FRANKENHAUSEN S. 120

Nördlich der Stadt Bad Frankenhausen liegt am Südhang des Kyffhäusers der mächtige Rundbau des Panorama Museums. Unmittelbar am Ort der blutigen Bauernkriegsschlacht erinnert ein 123 Meter langes und 14 Meter hohes Riesengemälde von Werner Tübke in gleichnishafter Darstellung an die damaligen Geschehnisse. Mit der Errichtung des Panorama Museums wollte die DDR 1975 auf Traditionslinien des „ersten sozialistischen Staates auf deutschem Boden" in Sinne der marxistischen Geschichtsphilosophie aufweisen. Das Museum wurde 1989 fertig und anlässlich des 500. Geburtstages Thomas Müntzers eröffnet.

Das innerhalb von vier Jahren von Tübke geschaffene Panoramabild „Frühbürgerliche Revolution in Deutschland" zählt mit über 3.000 Einzelfiguren zu den größten und figurenreichsten Gemälden der neueren Kunstgeschichte.

Panorama Museum • Am Schlachtberg 9 • 06567 Bad Frankenhausen • Tel.: (03 46 71) 61 90 • www.panorama-museum.de • April–Okt. Di.–So. 10–18 Uhr, Nov.–März Di.–So. 10–17 Uhr, Juli/Aug. auch Mo. 13–18 Uhr

## 6 FREILICHTMUSEUM KÖNIGSPFALZ TILLEDA S. 120

Die Pfalz Tilleda entsteht in der ersten Hälfte des 10. Jh. während der Regierungszeit des deutschen Königs Heinrich I. Nachweislich hält sich Friedrich I. Barbarossa 1174 vor dem 5. Italienzug in der Pfalz auf. Später verfiel die Anlage und wurde erst zwischen 1935 und 1979 wieder ausgegraben. Die einzige vollständig ergrabene Pfalz in Deutschland wurde rekonstruiert und ein außergewöhnliches Freilichtmuseum geschaffen. Ein breites Angebot an Mitmachmöglichkeiten lädt zum Ausprobieren und unmittelbaren Erfahren ein. Bei dem Rundgang durch die Anlage mit ihren Wohn- und Wirtschaftsgebäuden erhalten die Besucher interessante Einblicke in das Leben im Mittelalter.

Freilichtmuseum Königspfalz Tilleda • Tel.: (03 46 51) 38 30 • www.pfalz-tilleda.de • April–Okt. Mo.–So. 10–18 Uhr, Nov.–März Mo.–So. 10–16 Uhr

**Aborterker** aus der Außenfassade hervortretende Toilettenanlage eines Burggebäudes.

**Bergfried** Hauptturm einer Burg, häufig an einer besonders angriffsgefährdeten Seite gelegen; meist rund, aber auch mit tropfenförmigem, recht- und mehreckigem Grundriss; letzter Rückzugspunkt einer Burg, als permanenter Wohnsitz auch als Donjon bezeichnet.

**Bergsporn** aus einem Berghang hervortretender Felsrücken, ein bevorzugter Bauplatz für Höhenburgen aufgrund des natürlichen Schutzes durch das auf drei Seiten abfallende Gelände.

**Bossenmauerwerk** Quadermauerwerk, an dessen Sichtseite der Stein buckelartig, nur grob behauen hervortritt; häufig an Burgen der Stauferzeit, später im Eckbereich von Türmen und Gebäuden.

**Bruchsteinmauerwerk** mit Mörtel gebundenes Mauerwerk aus nicht oder gering bearbeiteten Natursteinen; dient in Schüttung mit Erde auch als Füllung zwischen einer äußeren und inneren Quadermauerung.

**Burgvogt** adliger Beamter, der bei Abwesenheit des Landesherrn die Burg mit der dazugehörigen Herrschaft regierte und verwaltete.

**Dirnitz** im Mittelalter ein beheizbarer Raum, vor allem ein Saal in Hofburgen.

**Fallgatter/Fallgitter** in senkrechten Mauerrinnen laufender schwerer Balkenrost, zum zusätzlichen Versperren des Torwegs.

**Halsgraben** tiefer, künstlicher Graben, der den Burgbereich vom Gebirgsstock trennt und damit die Hauptangriffsseite schützte.

**Kemenate** auch als Breitwohnturm bezeichnetes, mit Kaminen beheiztes Gebäude einer Burg; später auch beheizbarer Raum für Frauen und Kinder.

**Kernburg** Teil einer Burg mit den wichtigsten Gebäuden: Wohntürme, Palas, Bergfried und Kapelle und eigener Ringmauer mit Toranlage; gewöhnlich ältester Burgbereich mit häufigen Umbauten.

**Palas** repräsentatives Gebäude einer Burg mit Keller- und Wohngeschossen sowie einem die Gesamtfläche übergreifenden Saal für herrschaftlich-öffentliche Zwecke.

**Ringgraben** vor der Ringmauer gelegener Trocken- oder Wassergraben zur Erschwerung des Annäherns und Unterminierung der Mauer.

**Ringmauer/Bering** Wehrmauer, die den Burgbereich in Gänze umschließt; sie kann zusätzlich mit Mauertürmen verstärkt oder zum Teil durch die massive Außenmauer von Burggebäuden gebildet sein.

**Schalenturm** zum Burginneren offener Mauerturm, der bei der Eroberung den Eindringenden keine Deckung bot.

**Schießscharte** Schmaler Mauerschlitz zum gesicherten Beschuss der Angreifer; teilweise auch mit Belüftungs- und Beleuchtungsfunktion für Wehrtürme.

**Schildmauer** besonders hohe und massive Mauer an der Hauptangriffsseite zum Schutz der Kernburg.

**Vorburg** Bereich der Gesamtanlage einer Burg, in dem sich Wirtschaftsgebäude und zum Teil Wohnstätten des Gesindes sowie Freiflächen für unterschiedliche Zwecke befanden; häufig mit einer eigenen Mauer geschützt und teilweise mit einem Graben von der Kernburg getrennt.

**Wehrturm** unbewohnter, maßgeblich der Verteidigung dienender Turm.

**Zisterne** Speicher zum Sammeln von Regenwasser zur Versorgung mit Brauch- und Trinkwasser zusätzlich oder statt eines Brunnens.

**Zugbrücke** über einen Graben führende bewegliche Holzbrücke an der Außenseite eines Torturms, die nachts oder im Angriffsfall hochgeklappt wurde.

**Zwinger** Bereich zwischen einer äußeren und einer inneren Ringmauer, in welchem die Angreifer ohne natürliche Schutz- und Ausweichmöglichkeit den Waffen der Verteidiger ausgesetzt waren.

Palas der Burg Liebenstein

# PERSONENREGISTER

# ABBILDUNGSNACHWEIS

ArtHdesign – Fotolia.com    S. 46/47
Bergkirche Schleiz    S. 44
Murray Bosinsky    S. 71, 72
   (Quelle: Wikimedia Commons;
   Public Domain)
Kurt Fricke    S. 122, 123
Michael Jedamzik    S. 7
Konrad Kessler    S. 1, 2/3, 4, 8/9, 12,
   13, 16, 17, 20, 22, 23, 26, 27, 29, 32,
   33, 35, 43, 45, 50, 51, 54, 56, 57, 59,
   62, 63, 66, 67, 70, 74, 75, 79, 80/81,
   84, 85, 88, 90, 92, 93, 95, 96, 98, 99,
   102, 104, 105, 107, 108, 110, 111,
   113, 117, 118/119, 128, 129, 132,
   133, 135, 141
Moosmann    S. 38, 39, 41
   (Quelle: Wikimedia Commons;
   Public Domain)
Museum Schloss Burgk    S. 6
Michael Pantenius    S. 138

Umschlag vorn: Schloss Burgk
   (Foto: Dirk Laubner)
Umschlag hinten: Veste Heldburg
   (Foto: Konrad Kessler), Mittel-
   alterfest auf Schloss Burgk (Foto:
   Museum Schloss Burgk)

Grundrisse: Stefanie Bader, Leipzig
Umgebungskarten:
   nau-kartoGraphik, München

## BILDLEGENDEN

S. 1: Rittersaal im Palas der Wartburg
S. 4: Burg Ehrenstein
S. 8/9: Leuchtenburg
S. 46/47: Wachsenburg
S. 80/81: Burg Creuzburg
S. 118/119: Burg Hanstein

## DANKESCHÖN

Autor und Verlag danken allen Personen und Institutionen, die zum Entstehen dieses Buches beigetragen haben, insbesondere Dr. Hans Joachim
Kessler, Dirk Laubner, Michael Jedamzik, Dr. Michael Pantenius, der Bergkirche Schleiz und dem Museum Schloss Burgk für die freundliche Bereit-
stellung von Abbildungen.

**KONRAD KESSLER,**
geb. 1975 in Altenburg, studierte Neuere Geschichte, Rechts- sowie Politikwissenschaften in Jena und Leiden/Niederlande, lebt und arbeitet als Historiker in Jena.

Verlag und Autor freuen sich über Ihre Hinweise:
info@mitteldeutscherverlag.de

Haftungsausschluss
Die Angaben in diesem Reiseführer wurden gewissenhaft überprüft. Für die Aktualität, Korrektheit und Vollständigkeit übernimmt der Autor keine Haftung. Der Autor distanziert sich aus rechtlichen Gründen von allen Inhalten der aufgeführten Internetseiten. Auf aktuelle und zukünftige Gestaltung, die Inhalte oder Urheberschaft der angeführten Internetseiten hat der Autor keinen Einfluss.

Redaktionsschluss: 26. März 2013

© mdv Mitteldeutscher Verlag GmbH, Halle (Saale)
www.mitteldeutscherverlag.de

Gesamtherstellung: Mitteldeutscher Verlag, Halle (Saale)

ISBN 978-3-89812-888-9

Printed in the EU